天下文化
BELIEVE IN READING

林明進 著

學測實戰篇

國寫笨作文

全新增訂版

建中名師林明進獨創作文高分心法

BEP 046

全臺名師、教育工作者共同推薦

（依姓氏筆劃排序）

【大學教師】

丁威仁　清華大學中國語文學系副教授
丁福寧　輔仁大學哲學研究所教授
石曉楓　臺灣師範大學國文學系教授
吳孟謙　中山大學中國文學系助理教授
呂立德　正修科技大學通識教育中心主任
李金鴦　高雄師範大學國文學系副教授
林登順　臺南大學國語文學系教授
林黛嫚　淡江大學中國文學系助理教授
孫劍秋　臺北教育大學語文與創作學系教授
張春榮　臺灣師範大學國文學系教授
張清榮　臺南大學國語文學系退休教授
黃志煌　正修科技大學通識教育中心助理教授
黃雅莉　清華大學華文文學研究所教授
黃宗義　臺南大學國語文學系教授
黃湘陽　輔仁大學中國文學系退休教授
歐陽宜璋　臺灣大學中國文學系助理教授
潘麗珠　臺灣師範大學國文學系教授
蔡芳定　世新大學中國文學系教授
蘇伊文　臺中教育大學語文教育學系教授

【高中校長／教師】

●臺北市

楊世瑞　北一女中校長
徐建國　建國中學校長
吳武雄　建國中學前校長
李錫津　建國中學前校長
陳偉泓　建國中學前校長
吳麗卿　中山女高校長
張云棻　永春高中校長

曾美蕙　明倫高中校長

林宗賜　師大附中教師

江美儀　成功高中教師

陳嘉英　景美女中教師

楊金禎　景美女中教師

楊曉菁　政大附中教師

徐茂瑋　麗山高中教師

陳佳璟　麗山高中教師

朱淑琴　和平高中教師

楊士朋　南湖高中教師

陳明哲　陽明高中教師

張青松　中正高中教師

葉美妏　明倫高中教師

劉美智　永春高中教師

張佩玲　再興中學教師

◎北一女中教師

王靖芬、吳玉如、易理玉、林月貞、林麗雯、梁淑玲、陳美桂、陳碧霞、陳麗明、蔡宛庭、駱靜如、謝智芬、羅位育

◎建國中學國文科歷任主席

沈容伊、周杏芬、姜廣艮、施美慧、凌性傑、章璙文、陳怡樺、楊玉玲、劉昭敏、盧宜安、羅安琪

◎建國中學教師

文蜀陵、王宏仁、王曼莉、朱伊雯、朱賜麟、吳岱穎、吳昌政、吳瓊玫、李沅珊、李榮哲、林欣怡、徐孟芳、張佳瑤、曹庭瑄、郭淳華、彭成錦、黃儷慧、楊德威、劉子維、蕭新玉

◎建國中學退休教師

王淑貞、王靄宜、左德成、白玫瑰、吳寧寧、吳際平、巫穗雲、杜梅生、汪滿妹、周麗麗、姚守衷、施美慧、紀雪華、徐德蓮、張雪嬌、郭麗華、陶德群、趙台生、劉岱岷、鄭哲明

◎中山女高教師

卓育如、段心儀、陳智弘、黃琪、譚家化

●新北市

宋怡慧　丹鳳高中教師及圖書館主任
歐陽立中　丹鳳高中教師
卜富美　樹林高中教師
林秀姿　東山高中教師
張玉明　板橋高中教師
許富堯　北大高中教師
陸芳瑜　新北高中教師
曾馨誼　新店高中教師
闕宏宇　南山高中教師

●桃園市

江佳倩　陽明高中教師
張文承　龍潭高中教師

●新竹縣

陳翠黛　新竹女中教師

●臺中市

蔡淇華　惠文高中教師及圖書館主任
邱怡華　曉明女中教師
張哲瑋　曉明女中教師
曾翊瑄　曉明女中教師
曾雅蘭　曉明女中教師
歐陽君亭　曉明女中教師
戴慧玲　曉明女中教師
孫素貞　明道中學教師
童千芬　東大附中教師

●彰化縣

馮玉婷　員林高中教師
蔡淑姿　成功高中教師

●南投縣

林仁建　普台高中教師

●嘉義縣

蔡志偉　新港藝術高中教師

●臺南市

黃大倬　臺南一中教師

卓毓婷　新營高中教師

許靜佳　新化高中教師

陳倩玉　善化高中教師

●高雄市

莊福泰　鼓山高中校長

吳毓純　高雄中學教師

楊子霈　高雄女中教師

李俊緣　高師大附中教師

●宜蘭縣

俞松伯　慧燈高中教師

林長吉　羅東高中教師

【媒體及語文教育工作者】

宇文正　聯合報副刊主編

李崇建　教育書作家

黃國珍　品學堂創辦人

董媛瑜　中廣新聞網總監

蔡炳坤　慈濟教育志業體執行長

諸葛芬　新竹及幼幼兒園負責人

賴郁芬　人文適性基金會董事

【作家】

方梓　方群

向陽　沙永玲

林煥彰　陳木城

陳衞平　渡也

詹佳鑫　蕭蕭

薛仁明

目次

自序　走出國寫一條路

任何一種學科，一墜入考試，都是無趣的生涯，作文尤其是。國文考科從一〇七年學測起，作文獨立成為一個考科，它的名字叫作：「國語文寫作能力測驗」，考生寫不完，國寫寫不好，糟糕的成績擠成一堆，評鑑結果的曲線很難看。一〇七年學測第一年實施的國寫題，嚴格來說，考生是很挫敗的。到了第二年，一〇八年的國寫題馬上修正難度。時間也增加十分鐘，從八十分鐘調整為九十分鐘。但是大多數考生面對國寫的焦慮，並沒有獲得紓解。任何人都明白只有釜底抽薪，問題才能根本解決。

你在找藥方子嗎？那就聽我說兩句：

國寫分成「知性型」與「情意型」，你徹底了解嗎？

知性型相當於「語文表達力」，情意型相當於「文學表達力」，你真的明白嗎？

有「長文寫作型」也有「短文寫作型」，你心裡有譜嗎？

你能明白「語文力」與「文學力」等等各種文字表達的特性嗎？你分得出來嗎？語文與文學大體上的文字風格是不同的。用同一個筆調寫兩種要求迥然不同的寫作，這當然是不對、不好與不妥的。文字與命題所要求的寫作內容不對味了，文章能美得起來嗎？

我們不妨先來辨識，從八十三年「語文表達能力測驗」過渡到一〇七年「國語文寫作能力測驗」，這二十多年當中，表現在「語文」與「文學」的文字，兩者之間的基本性格是很不一樣的。例如：諸多題型中，有一種基本款稱為「翻譯型」，分別見於八十九年語文表達能力測驗試辦試題「岑參：〈題三會寺倉頡造字臺〉」、九十六年指考「李斯：〈諫逐客書〉」、九十八年學測「諸葛亮：〈出師表〉」。九十六年指考的〈諫逐客書〉和九十八年學測的〈出師表〉直接翻譯就行，原則上這種文字的轉換，愈貼近「直譯」愈適當。

可是，八十九年語文表達能力測驗試辦試題的「岑參：〈題三會寺倉頡造字臺〉」就不行，因為是詩歌。詩歌是高度凝鍊的文字表現，而且囿於詩歌受到字數、平仄、押韻的限制，有很豐富的言外之意，無法從詩句表面直接翻譯來得到完整的訊息。所以，這一題的提示說：「注意參考原詩題目。翻譯時綜合把握全詩的情境、旨意，不必然採取逐字逐句的翻譯方式。所譯宜講求文字的精緻與文氣的流暢。」不要小看民國八十九年這麼久遠的題目，別說不會考「語譯」。

八十九年語文表達能力測驗第三題的「窗外」，就是文章仿寫。一〇七年國寫第二題，要求寫一篇「季節的感思」，屬於情意型寫作，題目這麼說：「楊牧的〈夭〉透過感官描寫，傳達季節的感知，請以『季節的感思』為題，寫一篇文章，描寫你對季節的感知經驗，並抒發心中的感受與領會。」這麼看，〈夭〉這首詩就是楊牧的「季節的感思」。不正是要求考生賞析完楊牧的〈夭〉後，「仿寫」一篇嗎？

八十九年語文表達能力測驗翻譯題，是這麼規範的：「下面是岑參〈題三會寺倉頡造字臺〉一詩，請仔細閱讀、推敲，將其譯成白話，以詩歌形式或散文形式作答，均無不可。」你打算以詩歌形式或散文形式來進行寫作呢？一〇六年國寫試辨試題和一〇七年國寫試題，都出現詩歌題，下一回要你寫一首詩怎麼辦？你真的不害怕嗎？我們輕鬆閱讀一下詩歌的表達形式：

一種風流吾最愛

是建康，六朝到了，歇會兒

這是一場劍光與火光的老城
這是一個詩酒與酒詩的時代
可

這也是詩禮傳家王孫簪纓的風華
卻也是命運多舛聚散依依的變局

這個極不尋常的短促政權
聚焦了一批風風火火的大江湖
六朝人物像晚唐詩一般無題
南方的京城並沒有想像中無奈
東吳東晉宋齊梁陳
短是短，風流沒少過，那是絕響
風流一個眼神，倜儻就放下了

●

金陵昔時何壯哉，席捲英豪天下來

追尋六朝人物的印記
縱聽他們的玄談嘯歌

領略他們的慧智英華
六朝多名士，不是長在英雄的季節
或雄才大略，傳響不遠
或慷慨激昂，短歌不恆
或狂狷恣放，難乎天平
或任情瀟灑，贏得薄倖
或放達不羈，馬蹄沙飛

歷史的車廂廣告是失真的奉承
數六朝人物，點評一致
有著一流飛天的才性
有著竹林流水的佛緣
有著妙賞深情的玄心
六朝三百年經不起我蔑視的糟蹋

還沒有養成尸位素餐
還沒有高唱嘯傲山林
歷史就走完了
賣不出去的龍椅
仍堆在老香樟下
厚道一點
我應該正經的吟唱一曲
一種風流吾最愛
六朝人物晚唐詩

下一站是哪兒
陽澄湖邊聽夕陽入湖
不吃蟹膏了
大站我才願意醒

蘇州！

一〇七年國寫題共有兩題，限定必須在八十分鐘內寫完，一〇八年修正延長為九十分鐘，這是艱巨的工程。一〇七年由於題目難、時間短，考生叫苦連天。一〇八年國寫題目的難度就降低了，加上作答時間增加十分鐘，多數考生認為可以寫得完。大家都知道，「寫得完」不代表「寫得好」，這涉及層面因素很多，暫且不表。有趣的是，一〇八年第一題和一〇七年第一題都是圖表題，考法一樣，可見大考中心不怕考生知道會考哪些題型。大考中心就是正面期待大家都有好的國語文寫作能力。第二題情意型，題目理解的難度，比一〇七年簡單容易多了！

大考中心網站於一〇六年原先公布八題示範題，標明「知性型」與「情意型」，各有四題。之後第二階段對這八道題做了文字的修潤，同時取消「知性型」與「情意型」的命題歸類。我們推測，這是因為公布出來的八道題，在題目設計上，無法明確而完整地區隔「知性型」與「情意型」的命題形式。第三階段又增加「玩，我的玩具」（情意型）和「圖表判讀」（知性型）兩題。

一〇六年大考中心舉辦的國寫試辦試題，是最晚出現的兩道題，妙的是「知性型」的題型和之前所公布的五種基本題型長得不一樣，讓該年自費參加國寫試辨考試的考生相當傻眼。許多教師認為：一〇六年國寫試辨試題這兩題比較有代表性，也就是「知性型」三至四題的「短文寫作」，著重在客觀分析歸納與主觀評論；再加上一大題情意型的「長文寫作」，著重在記敘、抒情、描寫。結果，一〇七年國寫題，和一〇六年國寫試辨試題、一〇六年國寫參考試卷以及八十九年語文表達能力測驗都沾上邊。因此，只要學測考過的非選擇題，都是典型的考題，題目在形式上可能稍微改變，題型隨時可能回鍋。

一〇七年國寫第二題，其實可以在一〇六年國寫試辨試題找到十分相似的影子。「季節的感思」借景（物）抒情的題型，和一〇六年國寫試辨試題「花開花謝」命題的形式與要求十分近似。情意型寫作要特別注意的命題要求是：第一段往往要考生先分析歸納閱讀材料的重點，考生沒有別的選擇，務必依據命題要求作答，第二段以後才是就命題的題目進行寫作。編者從大考中心十幾份有限的樣卷與試卷提醒考生注意，這只是參考，題目的形式經常在變。段落的篇幅比例也要講究，如果有要求就閱讀材料進行分析整理，這部分約占三分之一到五分之二；根據指定命題的題目寫作，約占三分之二到五分之三。

「知性型」大多會有字數限制，五十、八十、一百、兩百、兩百五十、三百字不等。最好根據字數要求進行寫作，字數在正負十％之間，不要超出也不要過少。一般而言，命題的要求著重在「分析歸納」和「評論」這兩部分。進行寫作時，要把握材料的針對性，集中焦點、就事論事，切忌胡亂「作文」，天馬行空，瞎扯一通。

一〇七年國寫第一題「知性型」，其實就是舊學測（一〇六年以前）第一題與第二題短文寫作的融合與化身，以語文表達能力為測驗目標。這種與人生、社會結合的實用性寫作，強調「語文性寫作」，注重精準性、周密性、簡潔性、概括性、完整性、流暢性、合理性。知性型的考題與測驗目標，其實脫胎於舊學測的「文章解讀」和「文章分析」；「知性型」寫作的基本款「分析與評論」，和舊學測的「短文寫作」大同小異。我們來看看一〇六年以前學測第一題和第二題的「短文寫作」是什麼樣貌：

舊學測第一題「文章解讀」，以概括全文主旨為目標，從八十三年的「文章縮寫」發展到「文章解讀」，基本精神在評量考生「基本句子的組織與表達能力」，偶爾還要表達自己的看法。考生要具備從閱讀到歸納之間的連結能力，聚焦抓重點是首務。舊學測曾出現文章簡答、圖表判讀、語文修正、語譯、文章潤飾、看圖作文等等的題型，考生要認清題目的要求、回答方式與字數限制，然後再進行寫作，才不會偏題，導致嚴重扣分。

舊學測第二題和舊指考第一題的「文章分析」，常以三十篇核心課文的分析為主流，所以考生必須熟讀這三十篇，偶爾會有發展出「應用」、「比較」等延伸性的題型。除了以課文為「文章分析」的基本走向之外，也不乏出現以《中華文化基本教材》入題，形式上是分析加上評論。指考的「文章分析」，曾經出現以核心課文和論孟進行比較，也出現過古文和白話文進行分析比較。考生必須要有心理準備，只要是分析、比較和評論，任何形式的題型都有可能靈活變化。過去還出現過應用文寫作、文章改寫、文章擴寫等等，這些不同題型統統涵蓋在測驗「段落的組織與表達能力」。

大考中心一〇六年自費的國寫試辦試題，測驗目標和舊學測是一致的，只是形式上做了改變。考生千萬不要套招，寫你想寫的、寫你要寫的、寫你該寫的，這才是王道。亂背別人準備好的文章，或是蒐集一堆名言佳句，結果都會是死路一條。

我們來看看知性型（語文表達力），它的用字遣詞是怎麼個「知性」法：

1. 九十七年學測「文章解讀」

題目要求必須「簡要歸納作者對文化與藝術的觀點」，其實就是檢驗「文章縮寫」的能力。

作者提出了兩個觀點：

(1) 文化藝術的美感經驗來自於先天的稟賦與後天的涵養。

(2) 文化與藝術的美感經驗超越學歷、族群與性別。

文化與藝術實際上是無所不在的，例如：文學、音樂、戲劇、舞蹈等等，都涵蓋其中，是比較好的思索方向。

【參考寫作】

藝術是什麼？是美術館裡的名家之作，還是宏偉莊嚴的大教堂？事實上，藝術就存在你我之中，躲藏在這千變萬化的世界每一個角落。藝術並不是有錢人的專利，秋天綠葉轉黃那最美的一刻，並不需要萬貫家財，只需要一顆懂得欣賞的心。在大自然中觀賞無價之美，傾聽蟲鳴鳥叫，是視覺與聽覺的饗宴，這不也是偉大的藝術？文化間本身不存在所謂的隔閡，而是能否接受的態度。能夠去欣賞他人的文化就能夠包容並進步。文化與藝術是不分階級、性別、種族的，只需要體會與欣賞。

2. 九十四年學測「闡述題」

「闡述」旨在測驗段落的組織和表達能力。本題要求考生分別針對「生事穴烏的也卜行為」及「人類與穴烏的對比」兩部分，闡述感想或看法。

【參考寫作】

生事的穴烏既然不知道自己是罪魁禍首，那麼牠應該是跟著大家起鬨，也想知道到底是誰在鬧事？其實人們有時也跟穴烏這種動物一樣，就算是自己家隔壁的大樓發生火災，我們還是只會站在一旁跟別人一起看熱鬧，卻不去了解到底火災發生的原因是什麼？說不定就跟自己有關呢！可見不管是穴鳥，還是自認為聰明的人類，都還是有自己的盲點所在：就是容易被別人影響視聽啊！

國寫第二題，其實也可以說是舊學測第三題「長文寫作」的化身。舊學測第三題屬於「長文寫作」，和傳統作文相類似，這種以傳統寫作出發，經過改良，開發出來的「引導式作文」的寫作，是屬於測驗「完整篇章的組織與表達能力」。發展到了國寫，仍屬於長文寫作，但是鑑別多元，文學的連動性更強，考生在這種題型之下，能力的良窳，高下立判，幾乎是無所遁形的。

不管題型怎麼變化，國寫第二題以「情意」為主，所著重的「文學表達力」是不會改變的。考生要注意審辨題目中引導文字的要求，究竟是「限制性寫作」還是「拓展性寫作」？必須在第一時間判斷清楚。就細節而言，引導文字中的指定主題、情境營造、寫作核心、人稱觀點等等，考生要看清楚。

一〇七年國寫和舊學測不同之處，在於提供八百字（根據大考中心說法）的寫作材料，這八百字有豐富的情境，限制性的要求很明確，考生必須從原材料出發，依照要求進行寫作（事實上，一〇七年國寫的閱讀材料，並未如大考中心所規劃的字數）。過去舊學測的引導寫作（長文寫作），有的是限制性寫作，有的是引導式寫作，比較模糊，考生十分困擾。情意型寫作，未必限定是記敘文或抒情文，例如：一〇六年國寫參考試卷一之一「我對人工智慧的看法」，就是很傳統的論說文；舊學測第三題長文寫作，不也出現過「學校與學生的關係」這種很傳統的論說文體嗎？

從一〇六年國寫參考試卷二之二「書和我」與五之一「玩，我的玩具」來看寫作要求：第一段的所謂「破題」，題目設計本身已經替考生明確安排好了，無論你喜不喜歡這種命題形式，聰明的考生記得要按遊戲規則來。

一〇七年國寫試題，難度不低，誠如我在一〇七年國寫解題時對全臺各大媒體所說：「八十分鐘要讓考生從容寫完兩大題四小題，這只有金字塔頂端五％的學生，才能夠使命必達」，考生的寫作能力一樣，卻可能會有A、B、C不同等級的命運，請仔細體會這本書的「笨方法」，本書要讓考生拿到該拿的分數。

國寫第二題，要符合感性、美感、文學、浪漫……的條件，考生有沒有想過要怎麼樣從零開始，來讓自己的「文學表達力」登峰造極呢？茲以〈春深〉一文為例，達到借景抒情的寫作要求，似乎頗有「季節的感思」的況味：

【參考寫作】

春深

春雷和著春晚，打在緜緜的深雨，悶雷弱掣，那枕深的老蟲，久蟄未驚，這一響教春有恨。遠出的異客，濁酒仍大碗大碗地豪飲，撥不完的遊弦，算未抵青樓軟語，也不過秋水一眸。驚不成蟄，晚情春恨，又是一場惟景虛設。

紅樹林沼泥雨潤，如果你日日困病獨憑欄，那你應該經常看到，一對對愛貼地爭飛的雙燕——越過芳徑，飄然快拂樹梢，翠尾分開紅影的新侶。王謝堂前的燕子，不會飛入尋常百姓家，別傻了，牠們念舊得很。富貴貧賤也不是牠們該煩惱的事，當牠們差池展翅，欲築哪一條山楶斗栱，早就軟語商定。

從春社時節重返舊巢，牠們日日看足花暝柳昏，你嘆紅日又落，牠們卻慣作紅樓歸晚。當多情的你，愁損翠黛雙蛾眉時，牠倆早就密巢偎依，棲香正深呢！你還忍心搖醒這一對神仙眷侶，硬要牠們長飛天涯送好音嗎？

梅語滴答，你就門掩紅林，剪燈和淚，對著窗櫺靜靜獨語，做一夜蘭陽風雨最愁人。讓交頸方休的玄鳥一覺天明，養足精神，明晨好競誇輕俊。不防阻牠，造一番佳偶風流。倒是你，忘了閨恨，獨憐成癖，趁著夜深曉破，該扶床款移，撥一撥綠雲青絲斜垂，攬鏡對視，傾心學學張敞春閨畫細眉的巧心，明兒一早，你才有豔麗的春色，在柳條邊唱悔教夫婿覓封侯呢！

春雷不能重催，流雲悠悠，暮樹深深，離恨逝春水，雪鵝喚，老鴉聲住。

這樣的文字就能把握文學表達力的美感要求，考生們，你也是可以做得到的。假如現在出現「聯想型」的長文寫作，你有沒有完全自信的心理準備呢？

【參考寫作】

樹的聯想

林間低啞的喉音順著微風清嘯，沙沙的樹影更加深了微響的寂靜。沉寂中，轟然聳立著參天古木。這樣的矗立不知迎接過多少的日月輪轉？

旭升夕落，東海西山。生命是種延續，樹連接了遠古與現今。根扎昨夜，幹挺今朝，枝延明日。樹在寧靜中萌始，一片又一片的開展著新葉，新葉的嫩苗初枝；樹在沉默中伸展，一輪又一輪的記錄著時日，時日的春華秋實；但樹也在寂寥中枯槁，一層又一層的蝕去過往，過往的老幹殘枝。

樹在這裡安靜得像本史冊，也智慧得像位長者。他不具喜怒哀樂，只沉著的諦聽旁觀；

他不期望緬懷，只詳實的記載；他不懂七情六欲，卻寄託著人性。樹在文化中已不可避免的塑化成穩定與沉默的凝聚。把樹神性化，是源自人類對永生的渴求。

時間的巨輪在形跡中碾碎生靈，但唯有這種腐蝕方能昇華永續。樹在這裡成了一種象徵、一種冀求、一種渾然天成。於是，古林的矗立喚醒了一段旅程，形成人們朝聖的過程。把樹靈性化，是起於人類對生活的感悟。

很難想像，巍峨巒峰少了古松，南海連嶼少了椰影；更難想像，蘇軾、文與詞缺了青竹，王冕、王安石缺了寒梅。

聯想型的文章，不是「知性型」，不適合以語文表達的文字進行寫作；這是屬於「情意型」的題型，自然宜以文學表達的手法進行寫作。〈樹的聯想〉的寫作方式，給你什麼樣的啟示？聯想可以寓情，也可以寓理。語文表達力與文學表達力的區別，一定要清楚明白，造字遣詞才會拿捏得宜。

一〇六年國寫試辨試題第二題「花開花謝」，和一〇七年國寫試題「季節的感思」，都是以詩歌為主題，都出現詩歌賞析，進而指定要求的文學寫作。如果來一篇「詩歌改寫」，親愛的考生，你有心理準備嗎？

【範例題】

半朽臨風樹，多情立馬人。開元一枝柳，長慶二年春。

（白居易〈勤政樓西老柳〉）

【參考寫作】

看柳條垂情

株風拂老柳，百齡上下的憑虛斜柳，捋著它白皙皙的柳絮。也許是出於同病相憐，柳浪自在的帶著幾分骨董老樹該有的龍鍾老態，為萍水相逢的白樂天，慢慢悠悠地款擺它多姿的柳情。

柳條稀疏葉自茂，一枝葳蕤春無邊。

半百老翁想像那位多情的唐玄宗玉樹臨風，在開元年間，從皇家英華放達的袖口，高貴的笑植「開元第一枝柳意」，貴妃在不在沒人在乎！白居易已經五十一歲了，半朽老樹下瞰垂暮老臣，蒲柳之絲錯亂地劃在他老皺的容顏之上，教白香山怎能不怦然心動呢？於是，蒼茫的詩與緩緩燒起。

是的，我願意說說場面話。老朽的柳樹準是多情的，多情的老翁也是半朽的。立馬在柳影下的詩人，端詳著這株從開元一路走到長慶，從玄宗慣看到穆宗的老樹，百年政治的變變化化與人事的浮浮沉沉，豈一言足以道盡？不是膽子淡了，是滄桑濃了。對一個大時代的悲懷，白居易真的不需要太大的手筆。

記憶是老柳的衰境，感慨是小白的隱情！

當年唐玄宗於興慶宮南邊蓋的巍巍大樓，自然是風風光光，皇親國戚掌聲連響個不停吧？不然，李隆基怎會一時興致，西面題個「花萼相輝之樓」，南面題個「勤政務本之樓」呢？「勤政」、「務本」，都是唐明皇自個兒說的。《舊唐書》說的如果是真的，那後來的李皇帝就對不起先前的李天子了。

真難揣測白居易在寫下〈勤政樓西老柳〉時，空對著老樓西向，傲吟「半朽臨風樹」，是祭出一時的滄桑，還是渲染了自己昂然馬上的情多？「多情立馬人」是對唐玄宗的嗟嘆，還是對自己的傷老，這個大哉問，沒人問！

東晉桓溫北征，經過金城，驚見瑯琊昔日手種柳樹，皆已十圍。桓公攀折長長的柳條，老淚潸潸然下！他慨然長嘯：「木猶如此，人何以堪！」有這樣憐柳復自憐的東晉名將，索性我們可以問一問他。

問不到，不必敗興，往宋代去尋，還有位率性的辛棄疾可以打聽，他不是說：「我見青山多嫵媚，料青山見我應如是。」這位大詩人準知道物情本是人情。

樹將朽，人半老，立馬佇看這一枝開元風塵僕僕到長慶的柳條，白居易對樹傷情，是自找的，玄宗多不多情很難聞問。

最後只好和柳條咬咬耳絮：大膽問它多不多情？

真不行，就問問兀立一旁沒吭半聲的老馬吧！

國寫中的語文表達力，是培養普羅大眾一般性的表達工具，任何領域都需要這種精準、明白而嚴謹的文字。至於文學表達力，則是文學領域專用的文字，這種專業的文字強調優質、文學、唯美……兩種文字形式不完全一樣，考生需要多多揣摩體會。

學書法，先從描紅開始，其次永字八法，接著選字帖臨帖，任何技藝的學習都有共通的原理原則。廣泛的國語文表達能力也是一樣，需要一步一步來，文章要「自在」，就要文章「自」在，先問自己的文字生命在不在？作文的基礎寫作是有竅門的，本書帶你下笨功夫，只有肯下笨功夫，才能得真功夫。

林明進　謹識

二〇一九年五月

◉實戰

1

學測國寫這樣寫

一〇八年試題

一、

糖對身體是有好處的，運動過後或飢餓時，適當的補充糖會讓我們迅速恢復體力。科學研究也發現，大腦細胞的能量來源主要來自葡萄糖，當血糖濃度降低時，大腦難以順利運轉，容易注意力不集中，學習或做事效果不佳。不過，哈佛醫學院等多個研究機構指出，高糖飲食會增加罹患乳癌及憂鬱症等疾病的風險；世界衛生組織也指出，高糖飲食是造成體重過重、第二型糖尿病、蛀牙、心臟病的元凶，並建議每日飲食中「添加糖」的攝取量不宜超過總熱量的十%。以每日熱量攝取量兩千大卡為例，也就是五十公克糖。我國國民健康署於民國一〇三年至一〇六年的「國民營養健康狀況變遷調查」中，有關國人飲用含糖飲料的結果如圖一、圖二所示。

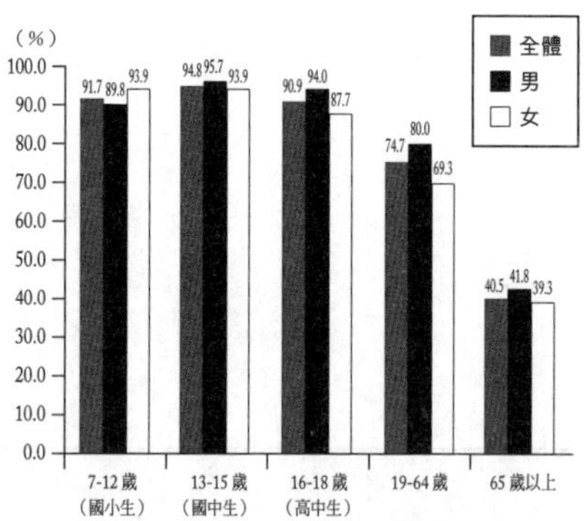

圖一：國人每週至少喝一次含糖飲料之人數百分比。

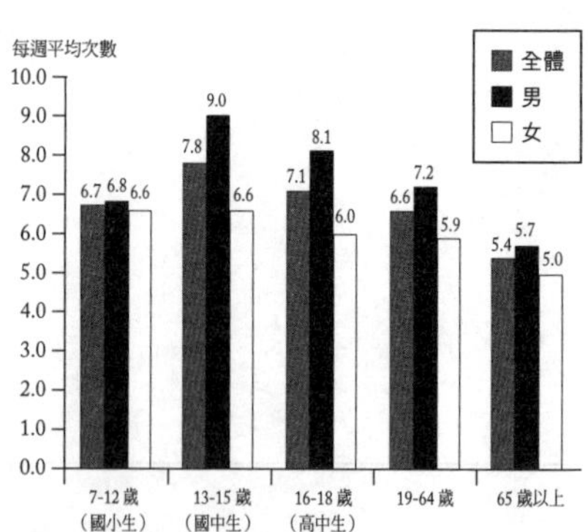

圖二：國人每週至少喝一次含糖飲料者，其每週平均喝的次數。

問題（一）：國民健康署若欲針對十八歲（含）以下的學生進行減糖宣導，請依據圖一、圖二具體說明哪一群體（須注明性別）應列為最優先宣導對象？理由為何？文長限八十字以內（至多四行）。

問題（二）：讀完以上材料，對於「中、小學校園禁止含糖飲料」，你贊成或反對？請撰寫一篇短文，提出你的看法與論述。文長限四百字以內（至多十九行）。

●這一題寫不好的病灶在哪裡？

問題（一）解析——

1. 考生能判定「國中群體」應列為最優先宣導對象，但是沒有更精準的寫出「男生」。
2. 沒有把握好先提出結論，再分別提出理由；或者先依圖一、圖二歸納分析，再做結論。
3. 考生只是提出約略的結果，忽視圖一與圖二都有具體數字。文字敘述沒有錯誤，但是，未精準而鮮明的展現說服力。
4. 答題不知剪裁，沒有把握精當簡潔的原則，錯把十八歲以上的兩個群體也臚列其中。

5. 答題同時涉及國小生與高中生，沒有集中焦點，針對十三至十五歲國中男生答題。

問題（二）解析——

1. 沒有明確的表示贊成或反對，答題曖昧，立場模糊，不置可否。或者贊成中也有反對的文字，反對中也提出贊同的說法。

2. 對於「中、小學校園禁止含糖飲料……提出你的看法與論述」，很多考生從引導文字中關於「含糖飲料」的正負面資料，直接拿來作為贊成或反對的主材料，然後草草泛論作結。

3. 很多考生因為「請撰寫一篇短文」這句話，導致寫得太短，甚至一段到底，忘了分段。

●提供考生的寫作建議

問題（一）解析——

1. 以圖表作為考題，轉換成文字敘述時力求精準，所顯示的意思要完全一致。作答時，要找出關鍵字詞，如：「須注明性別」；「國中男生」若寫成「國中生」，等第就受影響。

2. 要集中問題的核心答題，冷靜取捨，「欲針對十八歲（含）以下的學生進行減糖宣導」，那麼十九至六十四歲、六十五歲以上就必須馬上排除，答題完全不要涉及。

3. 問題既然是「最優先宣導對象」，文長又限制在八十字以內。除了確定的「最優先宣導對象」，十八歲以下其他群體，喝含糖飲料的百分比與次數，不必一一列舉。

4. 要完整表達「最優先宣導對象」的詳細數據，不能只說百分比最高、次數最多。必須呈現國中男生具體的「百分比率」與「每週統計數字」，才能完美扮演文字轉換的角色。

問題（二）解析——

1. 對於「中、小學校園禁止含糖飲料……提出你的看法與論述」，得分的高低在怎麼表現自己的見解。贊成或反對都行，寫作的成敗在如何提出自己的立場，有沒有說服力？

2. 建立自己的主張，要嘛贊成、要嘛反對，不要正反兩個立場都要。模糊空間，絕對得不到高分。分別提出有效而獨到的說法，才是主打贊成或反對的最好策略。

3. 關於引導文字提供的資訊，考生須對於「攝取糖的必需性」與「過當攝取高糖的危險性」，充分消化資料後，對於「中、小學校園禁止含糖飲料」的話題，再決定贊成或反對的立場。

4. 因為最後一句「文長限四百字以內（至多十九行）」，字數不能太少，四百字左右最理想。不要只分成一段或兩段，結構安排分成三段至四段最平穩。

●國寫這樣寫

問題（一）解析——

1. 馬上審題

相較於一〇七年國寫第一題（參見第六十七頁），一〇八年命題十分嚴謹。問題（一）與問題（二），兩題知性型的問題連結緊密。

問題（一）審題的重點全在兩個圖表上面，要求考生解讀圖一：國人每週至少喝一次含糖飲料之人數百分比，和圖二：國人每週至少喝一次含糖飲料者，其每週平均喝的次數。透過這兩個圖表，進行理解判讀，然後回答：「國民健康署若欲針對十八歲（含）以下的學生進行減糖宣導，請依據圖一、圖二具體說明哪一群體（須注明性別）應列為最優先宣導對象？」必須說明理由。

一般而言，問題（一）考生不會答錯，鑑別的目標不是寫得對不對，而是寫得好不好、精當不精當、扼要不扼要、周密不周密、概括不概括。這一小題的審題有三點需要注意：第一、集中焦點在「最優先宣導對象」的寫作；第二、針對圖一、圖二精準的分析歸納；第三、特別注意：答題要嚴控字數在八十字以內。

2. 馬上立意構思

從圖一顯示：國人每週至少喝一次含糖飲料之人數百分比，以「國中男生」為最高。答題時要把「九十五．七％」列出，才符合「圖表顯示」與「文字轉換」完全相同的要求。從圖二顯示：國人每週至少喝一次含糖飲料者，其每週平均喝的次數，也是以「國中男生」最高。基於圖表與文字必須一致性的原則，要把「九．〇」的次數寫出來，才算完足。國民健康署若欲針對十八歲（含）以下的學生進行減糖宣導，哪一群體應列為最優先宣導對象？答題時不要忽略了「須注明性別」這個要求。因此不應只回答「國中生」，依要求必須注明性別，「國中男生」應列為最優先宣導的對象。而國民健康署欲針對「十八歲（含）以下的學生」，寫成「男生」比「男性」妥當。

在提出具體說明理由的部分，大方向可以有兩種寫法：第一種是先提出結論，再根據圖一、圖二顯示的數據，提出具體而準確的理由；第二種是先分別提出理由，再提出結論。

由於字數限制在八十字以內，考生必須注意下筆是否有冗雜、瑣碎、失焦等缺點。兩個步驟提供參考：

(1)根據原命題的大前提：「國民健康署若欲針對十八歲（含）以下的學生進行減糖宣導」，也就是圖一、圖二，各五個子圖中的「十九至六十四歲」、「六十五歲以上」，不予考慮，優先排除。

(2)在剩下三個群體中，也只要找出「最高百分比」和「最多次數者」進行答題，其他略而不提，力求精簡、精準、精當。因為原命題的要求是針對「最優先宣導對象」進行回答，同時字數限制在八十字以內。

3. 馬上選材

國中男生每週至少喝一次含糖飲料的人數百分比為九十五·七%。

國中男生每週至少喝一次含糖飲料者，每週平均喝的次數為九·〇次。

4. 馬上寫作

【參考寫作一】

根據圖一：國中男生每週至少喝一次含糖飲料的比例為九十五·七%。根據圖二：國中男生每週喝含糖飲料的平均次數為九·〇次，兩圖顯示，國中男生在十八歲以下都占最高和最多。故若欲進行減糖宣導，十三至十五歲男生應列為最優先的對象。

【參考寫作二】

十三至十五歲男生應列為減糖宣導最優先的對象。理由是：圖一顯示，國中男生每週至少喝一次含糖飲料的比例為九十五．七%；圖二顯示，國中男生每週喝含糖飲料的平均次數為九．〇次。在十八歲以下都占最高的比率與最多的數字。

問題（二）解析——

1. 馬上審題

問題（二）和問題（一）有相互連動的關係。「國民健康署若欲針對十八歲（含）以下的學生進行減糖宣導」，和本題「對於中、小學校園禁止含糖飲料，你贊成或反對？」的話題，對象都是指高中、國中、小學學生。

對於「中、小學校園禁止含糖飲料」，你贊成或反對？」是這一題的問題。從字面上解讀，要考生就「中、小學校園禁止含糖飲料」這個問題，從「贊成或反對」，表達自己的立場與主張。其實少說一句，「請你選擇一個立場」，撰寫一篇短文，提出你的看法與論述。習慣上，這就是由正面或反面二選一的議論短文。雖然寫作要求是「撰寫一篇短文」，最好以原命題要求的四百字為度。

2. 馬上立意構思

文本所提供有關「糖」的知識與訊息的報導，建議考生仔細閱讀、理解，最後消化。以下先分類歸納：

(1) 糖的價值與作用

糖對身體是有好處的，運動過後或飢餓時，適當的補充糖會讓我們迅速恢復體力。科學研究也發現，大腦細胞的能量來源主要來自葡萄糖，當血糖濃度降低時，大腦難以順利運轉，容易注意力不集中，學習或做事效果不佳。

(2) 過度攝取糖帶來的風險

哈佛醫學院等多個研究機構指出，高糖飲食會增加罹患乳癌及憂鬱症等疾病的風險；世界衛生組織也指出，高糖飲食是造成體重過重、第二型糖尿病、蛀牙、心臟病的元凶，並建議每日飲食中「添加糖」的攝取量不宜超過總熱量的十%。以每日熱量攝取量兩千大卡為例，也就是不宜超過五十公克糖。

(3) 國人飲用含糖飲料的數據

我國國民健康署於民國一〇三年至一〇六年的「國民營養健康狀況變遷調查」中，有關國人飲用含糖飲料的結果如圖一、圖二所示（圖略）。

問題（二）：讀完以上材料，對於「中、小學校園禁止含糖飲料」，你贊成或反對？請撰寫一篇短文，提出你的看法與論述。文長限四百字以內（至多十九行）。

從立意與構思的層次來思考與檢視：

以上閱讀材料是本題的引導文字，必須先進行完整閱讀，然後審慎的決定如何作答。

(1)糖的價值與作用：這是基本知識。

(2)過度攝取糖帶來的風險：這是普通常識。

(3)國人飲用含糖飲料的數據：這是調查結果。

這些材料目的是提供考生表達：「對於中、小學校園禁止含糖飲料，抱持贊成或反對？」的背景知識或訊息，基於寫作的需要，可以擷取部分文字作為論述的佐證資料。可惜很多考生站在不同的立場，直接就把「(1)糖的價值與作用」作為反對「中、小學校園禁止含糖飲料」的核心材料；同樣的也直接就把「(2)過度攝取糖帶來的風險」複製貼上，作為贊成「中、小學校園禁止含糖飲料」的核心材料。然後草草幾句，東拉西扯，一篇贊成或反對的議論短文就完成了。幾乎完全見不到「看法與論述」，可以預期分數是很低的。

建議考生在確定自己的主張之後，無論贊成與反對，以核心論點為基礎，要多元多樣建立自己的觸角，以強化自我見解，來達到說服別人的影響力，如此才能獲得閱卷委員的青睞。

要善用文本的閱讀材料作為活化的論據，論點還是要靠自己思考決定，透過自己完整的「論點」，結合閱讀材料的「論據」，多元反覆「論證」，文章的成功率才高。總之，兩組引導文字和兩個圖表，可以作為論述的重要參考資料，但是不能成為全面立論的依據，不是隨便移花接木就是獨到的論述。這一點考生必須徹底釐清，才能做好立意與構思的安章謀篇。

3. 馬上選材

「贊成」這一方，對於「中、小學校園禁止含糖飲料」，選材上可以這樣論述：

(1) 正常飲食已經足以攝取該有的糖，校園不應該販賣含糖飲料。

(2) 兩個圖表充分反映中、小學生飲用含糖飲料蔚為風氣，有攝取過多糖的風險與疑慮。

(3) 禁止含糖飲料進入校園，可以降低學生接觸的機會。

(4) 血糖過低影響學習，注意力不集中，看似合理，實屬多慮。反對禁止含糖飲料進入校園者可能會以技術層面迂迴辯護，詭稱如何減少、降低糖分，其實無法真正落實、解決。如果飲用含糖飲料已經成為學子健康的隱憂，全面禁止才能釜底抽薪。

(5) 消極面：校園禁止含糖飲料；積極面：加強教育宣導，推廣健康概念。

而「反對」這一方，對於「中、小學校園禁止含糖飲料」，選材上可以這樣論述：

(1) 從立法角度探討：學校只占學生三分之一的時間，課後飲用含糖飲料的渴望無法束縛，校園禁止販賣，並不能真正解決問題。

(2) 從生理角度探討：中小學生活動量大，適時攝取糖分能補充身體所需的能量，故中小學生合理的糖分攝取有必要的需求，不可因噎廢食。

(3) 從心理角度探討：若一味禁止校園販賣含糖飲料，或反對含糖飲料進入校園，意志愈大、好奇愈甚、渴望愈高。

(4) 從教育角度探討：與其「強制禁止」不如「教化宣導」，透過教育的薰陶，培養學生的判斷力、認知力與自制力，讓學生從小了解什麼該喝、什麼不該喝、該喝多喝少。

(5) 從政策角度探討：國家可以透過衛生署要求訂定含糖飲料的健康標準，從飲料製造本身降低風險，才是正本清源之道。

4. 馬上布局

(1) 贊成「中、小學校園禁止含糖飲料」的謀篇布局

I. 破題：表明贊成立場。

糖雖然對人體有幫助，是身體的必需品，但是隨著經濟力提升及飲食精緻化，導致糖類過量攝取，對身體造成很大的隱憂，因此我贊成中小學校園禁止含糖飲料。

II. 透過文本整理，建立論點，夾敘夾議：

從引導資料中概括論述過度攝取糖帶來的風險，以及國人飲用含糖飲料統計圖一、圖二的數據，嚴正歸結出「高糖飲食影響中小學生的健康」。

i. 增加罹患乳癌、憂鬱症、第二型糖尿病、心臟病等重大疾病的可能。

ii. 造成體重過重、蛀牙及營養攝取不均衡的成長隱憂。

III. 為何要讓校園禁止含糖飲料？

i. 學生喝含糖飲料的比例過高，將來會嚴重影響健康，國家教育應正視此問題。

ii. 學生在校時間長，容易培養紀律及良好的飲食習慣。

iii. 教育理念跟教育環境應該合一。

IV. 結語

中小學生很難抗拒糖的誘惑，所以從學校教育著手較容易收效。長期而言，也有利於養成正確健康的飲食習慣。

(2) 反對「中、小學校園禁止含糖飲料」的謀篇布局

I. 破題：表明反對立場。

糖是身體運作的必需品，也是我們體力及腦細胞能量的主要來源，適量的攝取糖分，對成長中的學子不但是必需而且是非常重要的事，因此我反對中小學校園禁止含糖飲料。

II. 透過文本整理，建立論點，夾敘夾議：從引導資料中概括論述糖的價值與作用，提出校園教育貴在薰陶，不在強制壓抑。

i. 學生處於發育期，運動或飢餓後需要糖分的補充，全面禁止可能影響學習及專注力。

ii. 學生飲用含糖飲料已成習慣，以強制手段期盼改善，不但效果不彰，反而激化更強烈的渴望。

iii. 強制方式治標卻不能治本，還可能引起更大的衝擊及反彈。

III. 如何解決過量飲用含糖飲料的問題？

i. 強制壓抑不如教育宣導。

ii. 大人以身作則才是解決根本之道。

IV. 結語

或許大部分人認為從中、小學校園禁止含糖飲料是速成法，但不該貪一時之快而採取強硬手段；從教育層面宣導、從生活習慣改變，才是引領中小學生改變、改善、改正身體健康的正本清源之計。

二、

甲

（陶潛）為彭澤令。不以家累自隨，送一力給其子，書曰：「汝旦夕之費，自給為難。今遣此力，助汝薪水之勞。此亦人子也，可善遇之。」（《南史．隱逸．陶潛傳》）

力：勞役、人力。

旦夕之費：日常的花費。

薪水：打柴汲水。

乙

飯後，眾人各自有事離去，留下貞觀靜坐桌前獃想。她今日的這番感慨，實是前未曾有的。

阿啟伯摘瓜，乃她親眼所見。今早，她突發奇想，陪著外公去巡魚塭，回來時，祖孫二人，都在門口停住了，因為後門虛掩，阿啟伯拿著菜刀，正在棚下摘瓜，並未發覺他們，祖孫二個都閃到門背後。貞觀當時是真愣住了，在那種情況下，是前進呢？抑是後退？她不能很快做選擇。

然而這種遲疑也只有幾秒鐘，她一下就被外公拉到門後，正是屏息靜氣時，老人家又帶了她拐出小巷口，走到前街來。

貞觀人到了大路上，心下才逐漸明白：外公躲那人的心，竟比那偷瓜的人所做的遮遮掩掩更甚！

貞觀以為懂得了外公的心意：他怕阿啟伯當下撞見自己的那種難堪。

事實上，他還有另一層深意，貪當然不好，而貧的本身沒有錯。外公不以阿啟伯為不是，是知道他家中十口，有菜就沒飯，有飯就沒菜。（改寫自蕭麗紅《千江有水千江月》）

閱讀甲、乙二文，分項回答下列問題。

問題（一）：請依據甲、乙二文，分別說明陶潛對於人子、外公對於阿啟伯的善意。文長限一百二十字以內（至多六行）。

問題（二）：陶潛或者外公對他人的善意，你可能也曾見聞或經歷過，請以「溫暖的心」為題，寫一篇文章，分享你的經驗及體會。

●這一題寫不好的病灶在哪裡？

問題（一）——

1. 匆匆下筆，沒看清題意。要求「分別說明」，考生卻籠統作答或綜合作答，都未得要領。
2. 〈陶潛傳〉這一段文字沒看懂，下筆猶豫模稜，導致文字模糊失焦，未切中要旨。
3. 在處理兩組材料上，不是比重不一，就是文字的措辭過於鬆散，不夠流暢、簡潔。
4. 對這兩則文字解讀不正確，錯把善意當成單純的可憐、施捨、同情而闡釋。

問題（二）——

1. 通篇以論說文的筆調，論述溫情滿人間，沒有扣緊分享「經驗及體會」。
2. 錯看題意，整篇都在寫陶潛對人子以及貞觀、外公對待阿啟伯的推己及人。
3. 亦步亦趨的模仿阿啟伯偷瓜的情節，畫虎不成，處處露出斧鑿而不自然的痕跡。
4. 把這兩段材料寫成「讀書心得」，行文失焦，泛泛論說，不痛不癢。
5. 「溫暖的心」的素材，寫得不溫不暖，沒有把握「感動人心」的主題，糟蹋了題材。

●提供考生的寫作建議

問題（一）——

1. 陶潛要求兒子善待人子、視人子若其子的善意，是將心比心、推己及人的表現。
2. 外公對阿啟伯的善意，是出於「因貧而貪」的包容與諒解，是起心動念處的惻隱之心。
3. 陶潛和貞觀外公的善意，可採取「先總結再分別說明」，或「先分別說明再總結」。
4. 「陶潛對人子」和「貞觀外公對阿啟伯」的善意，是換位思考的相同善念，是「恕道」的表現。

問題（二）——

1. 本題成敗在呈現「溫暖的心」感染力強度的高低，要把握真誠、人性、自然。
2. 尋找自己經歷過或見聞過的溫暖素材，由「人」、「事」、「物」、「景」入情，昇華人性的光輝。
3. 以經歷的事件為主，體會或感受為輔。以「文學性」的筆調進行寫作，會比「說明式」更好。

4.「情意型」寫作，以文學、美感、浪漫、想像、人性化、感人的筆調寫作最好。

5. 以記敘抒情為主，根據「溫暖的心」的主軸，細膩刻畫人物、事件、情節、性格，透過「景境、情境、意境」的文學手法寫作，不著痕跡的感染人心，文章成功率最高。

●國寫這樣寫

問題（一）解析——

1. 馬上審題

(1) 要精準判讀這兩則文章的意涵，其次要完全掌握陶潛對於人子的善意，以及貞觀外公對於阿啟伯的善意。其實，陶潛與貞觀外公的善意，都是出於「惻隱之心」。

(2) 第一則是陶潛透過書信，一方面表達父愛，一方面教誨兒子；第二則是出於貞觀個人的遭遇，親睹一場替對方著想的「恕道之情」，同樣是出於惻隱之心。

(3) 關於陶潛這一段，一般考生共同的困難是原文無法全部看得懂。

（陶潛）為彭澤令。不以家累自隨，送一力給其子，書曰：「汝旦夕之費，自給為難。今遣此力，助汝薪水之勞。此亦人子也，可善遇之。」（《南史．隱逸．陶潛傳》）

家累：家庭生活負擔，這裡指家眷。
自隨：跟隨在自己身邊；隨身攜帶。
力：勞役、人力。
旦夕之費：日常的花費。
薪水：打柴汲水。

【語譯】

陶淵明擔任彭澤縣縣令時，並未帶著家眷隨行赴任。有一次，他送了一名長工給兒子，並且附了一封信：「你早晚生活上的花費，自己過活都有些困難了，哪有餘力雇請長工。現在我送個長工給你，幫忙你做些打柴汲水等家事，以免你那麼勞累。他也是人家的兒子呀！你可要好好對待他。」

(4)第一則錄自於《南史．隱逸．陶潛傳》，最早出現在南朝梁蕭統《昭明文選》，原文還有幾句話，附上原文，補足全貌。

後為鎮軍、建威參軍，謂親朋曰：「聊欲弦歌以為三徑之資，可乎？」執事者聞之，以為彭澤令。不以家累自隨，送一力給其子，書曰：「汝旦夕之費，自給為難，今遣此力，助汝薪水之勞。此亦人子也，可善遇之。」

【語譯】

陶淵明後來擔任鎮軍、建威參軍（官職名）。陶淵明對親戚朋友說：「我打算當一個小縣的縣令過隱居生活，可以嗎？」當政者聽說後，調任他為彭澤縣令。

2. 馬上立意構思

(1) 在立意構思上，要先掌握兩位主人翁的「善意」是什麼？其次要「分別說明」兩者善意的概括善行。

(2) 第一則的主題是陶淵明對於人子的善意，重點是陶淵明視別人家兒子若自己家兒子一般的慈心，透過書信叮嚀兒子要善待人子（別人家的兒子），要將心比心。這是「推己及人」的表現。

(3) 第二則的主題是貞觀外公對於阿啟伯的善意，第一層是怕阿啟伯當下撞見的難堪，第二層是外公對阿啟伯由「貧」而「貪」衍生出的包容之情，這是「同理心」的情懷。

3. 馬上選材布局

選材——

(1) 本題答題的材料都在文本所提供的甲、乙兩則之中，不可節外生枝。須掌握陶潛對於人子以及貞觀外公對於阿啟伯的「善意」；其次，必須依序「分別說明」事實，文字要概括、精準、完整。

由於字數限制在一百二十字以內，簡潔、精當、優質是得分之鑰。

(2)第一則陶潛的善意是透過書信的方式教誨其子，吾愛吾子，長工也是別人家的兒子，我視人子如己子，你也要將心比心，視人如己，要照顧別人的尊嚴，善待對方。陶潛的善意是期待兒子去實踐「將心比心」的情操。

(3)外公對於阿啟伯的善意，是透過貞觀以第三者的角色，親睹外公的善行。第一層是外公不願阿啟伯當下撞見自己而難堪，另一層深意是外公對於阿啟伯因貧而貪的包容，也是「將心比心」的善心，是光明人性。

(4)陶潛對人子的善意和外公對阿啟伯的善意，都是起心動念處最聖潔的初心，默默成就別人，「同理心」的發動，就是「惻隱之心」的顯現。

布局——

(1)由於字數限制在一百二十字之內，至多只有六行，建議不用分段。

可以先總結兩者善意的共同點，然後分別說明，建議依甲、乙文的自然順序作答。也可以先分別說明兩者的善意，最後以一句話總結兩者的共通性。

(2)一方面措辭要嚴加剪裁，力求簡練，不要冗雜。另一方面，不要節外生枝，妄加材料或亂套名言佳句，這是最大的忌諱，要保持文本的原汁原味。簡靜、扼要、周密、鮮明。

4. 馬上寫作

【參考寫作一】

陶潛的善意，是視他人之子如己子，是換位思考的將心比心。陶潛吾愛吾子，勞役雖出身微賤，也是他人之子，教誨其子要將心比心善待之。外公的善意，是替對方著想，避免對方難堪的體貼，包容阿啟伯因貧而貪的窘困，是人性寬厚的同理心。兩者都是惻隱之心的昇華。

【參考寫作二】

陶潛對於人子及外公對於阿啟伯的善意，兩者都是將心比心的善解人意。陶潛認為人子雖為僕役，但也是別人家的孩子，要求兒子善待之，要有同理心的寬厚與體貼。外公對阿啟伯偷瓜的行為視而避之，是體會他因貧而偷，設身處地顧及他的顏面，避免難堪，是恕德的可貴。

問題（二）解析——

1. 馬上審題

問題（二）：「陶潛或者外公對他人的善意，你可能也曾見聞或經歷過，請以『溫暖的心』為題，寫一篇文章，分享你的經驗及體會。」

(1)先審慎了解命題的寫作要求：大前提是《南史．隱逸．陶潛傳》所記載，關於陶潛對於人子的善意，以及改寫自蕭麗紅《千江有水千江月》，關於貞觀外公對於阿啟伯的善意。所以，題目「溫暖的心」的內涵，主軸必須鎖定在「人性的光明面」來寫這個題目。

(2)陶潛對於人子的善意以及貞觀外公對於阿啟伯的善意，都是「將心比心」，替人設身處地著想的「惻隱之心」。因此全文的題目旨趣就十分明白，它是要求敘寫「人性的溫暖」。

(3)題目「溫暖的心」，界定在「你曾見聞過或經歷過」的事件。由於在這段說明的最後，有關鍵的提示與要求「分享你的經驗及體會」。所以這篇文章最理想的文體是記敘、抒情、描寫為主的「文學性」表現，最後再以自然的文字嵌上你的體會或感受，這樣是最理想的審辨題意。

2. 馬上立意構思

(1)第二題是「情意型」的寫作，換句話說，是要考查與檢驗考生「文學」表達能力，這一題和第一大題圖表題的寫作筆調不能一樣。因為第一題是「知性型」的寫作，也就是要考查與檢驗考生的「語文」表達能力。

語文表達能力測驗是整合、歸納、分析、評論的「實用性寫作」，「精準」是第一要務；文學表達能力測驗是文學、美感、想像、浪漫、情感、人性的「情意型寫作」，「文學」是第一要務。

所以，這一題考生只有以文學性的筆調進行寫作才是王道。

(2) 文本這兩則材料都是溫馨感人的小品，只要抓住這個精神與重點，透過文學的表現手法，無論寫人、敘事、描物，都要細膩刻畫、故事情節力求曲折變化，情感的流動最好在含蓄不露又能感人肺腑下呈現。

(3) 以貞觀、外公、阿啟伯這一篇文章的主題呈現與形式表現，作為「溫暖的心」寫作的參考，是考場最好的參酌。

記敘文怎麼表現？描寫文怎麼刻畫？抒情文怎麼發酵？主題怎麼美麗的昇華……等等，都可以從這裡快速得到啟發。

3. 馬上選材

(1) 這一篇「溫暖的心」的寫作素材，只要是能夠表現將心比心的同理心，能夠自然而然的凸顯人性的光輝、能夠扣人心弦、能夠引人入勝、能夠感染人心……等等，都是好題材。

(2) 大至大場面的近代史故事、小至人生中的生活小品，只要符合「溫暖的心」這個基調，都可以入題，沒有任何設限。

(3) 祖孫、父子、母女、兄弟、姐妹等等骨肉之情，是「溫暖的心」基本款。從自己到別人，友人、情人、鄰居、陌生人、師生、同學……都有感人的素材。學校、社團、機場、車站、菜市場、公車上……都有溫暖的足跡。激烈的、錯愕的、缺憾的、平淡的、驚悚的、感動的、悲傷的、喜悅的……無一不可成為寫作靈感。

(4) 自己的經驗最理想，能感動自己的故事才能感動別人；親睹別人的故事、或者聽來的感人經驗、報章雜誌溫暖的素材、從名人名作觸發的創作……這些都有好的靈感渠道。都市、鄉村、富貴人家、尋常百姓、老老少少、男男女女、動物、寵物……只要觸動人心，寫到人心坎裡去的，統統都可以。

4. 馬上布局

(1) 自然開頭自然收尾，沒有必要第一段一定要說說道理做開頭，最後「總而言之」做結束。像看電影一樣，人、事、時、地、物恰如其分的穿插；故事情節設計迷人的起伏變化，情感的流動真切的表現喜、怒、哀、樂，這些都是布局成功的要素。

(2) 這一小題形式上比較像以前的長文寫作。由於時間的壓力，字數一般都不設限，雖然說字數不拘，理想的寫作計畫，最好在六百至七百字之間。至於段落的安排，真的可以不拘；隨著文章進行的需要，五段六段不嫌少，十段八段不嫌多。考量實際的寫作需求，自然而然寫去，不要呆板、不要套招、不要人云亦云。只要合乎「溫暖的心」的主題，都行！

5. 馬上寫作

【參考寫作二】

溫暖的心

小時候，阿母開的柑仔店，遠近馳名。雜七雜八什麼都賣，尪仔標、彈珠、陀螺，古早童玩應有盡有，也賣囝仔愛吃的金柑仔糖、金棗蜜餞、鳳梨乾、蝦餅、牛奶糖，就是沒有賣橘紅色的汽水條。小一我們讀下午班，每次看到同學三三兩兩，含著一條長長的汽水條，邊吸邊吮、邊玩彈珠，邊走在上學的路上，心裡頭好想也能吸著汽水條上學。

有一天，我打開錢櫥，迅雷不急掩耳，拿了一毛錢。若無其事，背著書包上學，四顧無人，溜進離家不遠的另一家鋪子，向店家阿蕊姨仔買了汽水條，她朝我瞧了一眼，嘴角微揚。不等跨出店門，隨即急促促齧了一口，橘紅色的汽水汁，噴了我滿嘴都是。滿足而快意的吸吮……一小口接一小口。哇！嘖嘖嘖！……閉著眼，慢慢吸，好銷魂的橘子味汽水條……

耳後忽然聽到一陣熟悉的聲音傳來，笨重老邁，嗯歪、嗯歪、嗯歪……阿母騎著孔明車，沿著碎石路，她單騎馳下，拿人，塵土飛揚。猛一回頭，她已在眼前，我心裡撲通撲通的不安了起來。

佇立原地，我轉過身，阿母一雙如刀的銳眼，活像探照燈直射著我。氣急吁吁的激喘聲在空中流動著，無處可躲，我是個可憐的現行犯，嘴巴含著汽水條，愣在路邊。頭垂了下來，下巴貼到胸骨，一對黑眼眸以最細的眼縫窺視嚴峻的阿母。

母子對看片刻，等待的巴掌尚未迸落，「撲通撲通……」心跳失律，汽水條隨著全身顫動。喘聲甫定。阿母一隻手扶著車，一隻手往口袋裡掏，遞給我金晃晃的五角，阿母開口了，第一句話就說：

「嗯……這五角給你到學校買健素糖。」我手足無措，阿母停一下又說。

「這個東西不健康、對身體不好，所以我們家沒有賣。」

「來，給我！」阿母咧開嘴，彎著身軀，慈祥的微動了一下。

她一手拿銅板，我一手交汽水條。阿母摸摸我的大頭，說：「緊去學校。緊去……」

上坡的回家路，阿母踩得很吃力，載貨的老腳踏車，速度很慢很慢……我回頭看阿母一眼，淚水不聽使喚，撲簌簌直下。阿母，為什麼不罵我一聲，罵我一聲小偷……越想越愧，越愧越急，急得淚珠滾成淚水。學校的路，越來越模糊……阿母遠了，車輪聲聽不到了……

若干年後，我在週記上回憶了這一段糗事。那年我小一，當年阿母應該狠狠罵我或打我的。阿母忍住內心的憤怒與不快，不但選擇原諒，同時進行了一場沒有痕跡的教誨。慈藹的眼神，遞給我金晃晃的五角，彎著身軀的鮮明畫面，不時在記憶中流轉。想起那一幕，我的心一直是暖烘烘的。

【參考寫作二】

溫暖的心

一開學，滿臉憂鬱的大頭仔，就引起我的注意。過沒幾天，接到幾位老師的投訴，說那位「上課每事問」的寶貝，讓課上不下去了。

第二週學校日，我刻意注意坐在大頭仔座位的家長，她慢條斯理整理大頭仔的抽屜。

穿著簡樸，脂粉不施，靜靜的聆聽。學校日結束，她趨前表明身分，說：「我兒子讓老師很傷腦筋喔，在家裡都悶聲不響。」我說：「不會啊！他話多得很呢！」

有一天深夜，她打電話給我，電話另一端不斷的啜泣。最後以一句話交代：「兒子和我大吵一頓，請老師開導開導……」第二天我把大頭仔拉到走廊，要大頭仔成熟一點，別跟媽媽鬥氣，他竟然說：「她不是我媽……」

大頭仔說：「老師，我媽不在了，我國三上她得乳癌，高一開學第三天，我媽就病故了。現在這個是我後母，她是我爸蘇州的小三，我很恨他們。媽得了乳癌，得知父親外面有女人，忿恨之餘，決定放棄治療，要我考個好學校，這是她唯一的心願。」

後母說：「他爸爸在那邊又有了新歡。曾經因為是小三傷害了別人，新小三來了，我這個舊小三成了無人諒解的怨婦。我從蘇州來就是為了照顧這孩子，他不領情，我就像他的仇家……上天並沒有放過我，我也得了乳癌。我決定開刀，為他媽媽做點事，這是我唯一的救贖。希望他能考上好大學，讓我對得起他媽，以慰她在天之靈……」

上完兩堂課，我直奔醫院，開刀房外「手術中」的紅字斗大的亮著，大頭仔靠在牆邊，頭低低的。我拍了拍他的背，拿出昨晚後母發的簡訊：

「老師：明天上午我開刀，我已一無所有，是第一個對不起他媽的女人，這一直是我的陰影。我要好好活下去，幫他考個好大學，以慰他天上的媽，老師你要好好幫我！我要用我的方式贖罪……」

大頭仔的父親，風塵僕僕趕來了。

「老師，他是我爸……」「老師好，老師好……」

「陳爸爸你好，大陸辛苦了。那我先走了。陳媽媽醒來，幫我致意一下……」

我們師生倆閒步到了樓下，我深呼了一口氣，兩隻手攀著他的雙肩，斜仰著頭看他。

「你已十八歲了，腦子清楚，你父親的事，他自己處理。你的事你要自己處理，我很希望你在最適當的時機……叫她一聲媽！」

後母人生的轉折，讓我們看到了人性的光輝，她從重重的矛盾與不安中重生。從介入別人家庭的第三者來看，她是難堪與尷尬的。比起孩子的生母，婚姻觸礁所受到的傷害，她有過之而無不及。面對「舊小三」與「新小三」的強烈反差，她並沒有被情欲的原罪所擊倒，堅持孤獨而果斷的救贖，後母人性的昇華值得敬重。

【參考寫作三】

溫暖的心

一場風聲鶴唳的升旗典禮，司令臺軍令如山。偌大的操場，詭譎逼人。「穿制服吃拜拜是破壞校譽，一律嚴懲……」我們私校管得嚴。

農曆三月初三關帝爺生，是一年一度的大拜拜。辦桌的人情味，笑聲、殷勤聲……整個市集、整條街、整個老鎮的人民，熱騰騰的。春雨微微斜吹，夜幕撒下，天人之戰，啟程。一溜煙間，我們闖進了同學家。

「窗外有人！糟糕，被教官盯住了。」單車站在路邊，跟他一樣，守株待兔，嚴正以待。腳踏車像準備輾動的坦克，教官透著窗子，炯炯有神的眼光對著吃拜拜的我們掃射。雙嘴緊緊抿著，雙手交於胸前，兩腳與肩同寬，酷嚴，好威的銅像。心想明天升旗九條好漢，九囚上臺。暗自傻笑。

金牌啤酒，紅了我們的臉，紅了我們的眼，紅了我們的膽。一股分不清的意氣和莫名的義氣，在觥籌交錯中升高。八點半，有人提議要回家了。

「要怎麼出去？他像一座山，立在那兒文風不動！」

教官還直挺挺的在，眼珠動也不動，眼前湯氣若硝煙。主人神來一筆，窗簾拉下，燈關了，叫大家統統別動。敵明我暗，月光和路燈將教官刻畫得完整無缺。腳踏車慌亂，嘎——嘎——嘎……教官竟然走了。大家撲滋撲滋的笑歪了。

主人鐵齒仔說：「來，我們從後門出去，萬無一失。」大家為他的金蟬脫殼叫好。

春月當空，夜色茫茫，我們挺進在漆黑的弄巷暗徑上。鐵齒仔真行。

鐵齒仔帶我們走。黑黑暗暗，蛛網纏首，鼴鼠亂竄，曲折中轉出巷頭。霎時，熟悉的腳踏車，車影斜長一邊，沒想到教官就在眼前。帶勁的酒意逸興澎湃，一時全餒了。我們一掛人，全都活逮。沒人喊教官的綽號，沒人講髒話。這一趟很失敗，大夥心全涼了。書包垂了下來，衣服都沒紮好，非常狼狽。天上月影緩移，肚裡酒香肉香，暗香浮動，十分酒鬼。每個人手上還提著豬公肉。

「夜路走多了，總會碰到鬼的。不要鐵齒，我說到抓到……這一夜不是教官和關公的戰爭，武聖一把關刀，義薄雲天。吃拜拜是人情義理，不是殺人放火，今晚衝著這個義字，去去去！念在關老爺的分上，今晚我什麼都沒見到……穿制服背書包吃拜拜，真的很難看……」

臨走前喊了一句：「不要鐵齒……」沒說完，單車馳去。留下錯愕的我們，和教官長長的身影。

鐵漢柔腸是教官不為大家所熟知的一面，按照校規執法是教官的職責，必須不折不扣。法外施恩，是理解也是諒解。「念在關老爺的分上，今晚我什麼都沒見到！」關老爺的義氣，教官也填滿胸臆。「穿制服背書包吃拜拜，真的很難看！」仍有他嚴峻的底線與教育的使命。那一夜春風習習，大夥兒酒很快就醒了。

酒氣酣熱，抵不過教官放我們一馬——那一顆溫暖的心。

【參考寫作四】

溫暖的心

「老師，我的隨身聽不見了！」上完體育課後班上掉了很昂貴的隨身聽。這是阿嬤從美國帶回來給愛孫的生日禮物。

教官勘查現場，歸納三點：一、前後門上鎖，門窗緊閉。二、其他同學未丟貴重物品。三、全班未被洗劫。結論：單純偷竊事件。

那時候隨身聽剛問世，是年輕人最時髦的配件。同學們議論紛紛。班會像批鬥大會，疑內賊所為。沒有目擊者，也沒有任何線索。無蛛絲馬跡，看不出誰涉重嫌。班長十分愧疚，公開請辭。風紀嚴厲斥責值日生未留教室。班長要求全班搜身，老師反對。有人建議全班搜書包，老師還是反對。

導師告訴同學為人的價值。希望同學歸還隨身聽，獨自放在他辦公桌大抽屜。當天放學，沒有結果。也許同學還沒有準備好，或者根本是外人所為。第二天上課，導師當著全班，溫婉的動之以情。如果真是同學一時好奇，拿走的隨身聽，就放在老師抽屜。

偷回家是無知，送回來是無畏。盼望仍然自行放在辦公桌大抽屜。結果還是沒有下文。導師很懊惱。

第三天早自習，導師說真的沒人送回，今天就去買隨身聽，送給失竊的同學。受害者站起來講話，說找不到就算了，老師千萬不要買，這是我自己的疏忽，是我不對。老師不要啦！

第四天一早，導師亮出隨身聽，當著全班面前說：

「這一臺全新的愛樂隨身聽，和同學丟掉的那一臺，同一款式，完全一樣。今天放學前，有人送回，它是我的。沒人送回，它是○○○的。」全班寂然無聲，導師走下講臺，同學們眼神全呆了。

過了一個週六、週日。

週一升旗前，導師急沖沖的衝進教室，兩架隨身聽赫然出現在大家眼前，白色真的很搶眼。導師興奮的告訴全班。這一個是○○○的，這一個是老師的。記住這一刻，我們給他最熱烈的掌聲。

導師說：「我不曉得這位同學是誰，我也不想知道他是誰。是誰不重要——他有了同學給的力量，他有了自己給的新生。不用告訴我你是誰。相信人性善良那一面，相信寬恕的可歌可泣。我們給他掌聲，給全班也給自己熱烈的掌聲……」

導師處理隨身聽竊案，好比釀醬油一樣，柔性的溫暖是引導人心的光。校規有過一時之惡的正當性，但是法性只能治標不能治本，只有人性才能暖化人心。

教育是緩化的過程，緩是愛心，緩是智慧。順手拿隨身聽的人是誰並不重要，導師溫暖的光明燈引領一把良知的火種，普照了全班同學的心靈，也將一生一世照亮了「他」人性的光。

一〇七年試題

一、

自從有了電腦、智慧型手機及網路搜尋引擎之後，資訊科技的發展改變了人類大腦處理資訊的方式。我們可能儲存了大量的資訊，卻來不及閱讀，也不再費力記憶周遭事物和相關知識，因為只要輕鬆點一下滑鼠、滑一下手機，資訊就傳到我們面前。

二〇一一年，美國三位大學教授做了一系列實驗，研究結果發表於《科學》雜誌。其中一個實驗的參與者共有三十二位，實驗過程中，要求每位參與者閱讀三十則陳述，再自行將這三十則陳述輸入電腦，隨機儲存在電腦裡六個已命名的資料夾，實驗中沒有提醒參與者要記憶檔案儲存位置（資料夾名稱）。接著要求參與者在十分鐘內，寫出記得的三十則陳述內容，然後再進一步詢問參與者各則陳述儲存的位置（資料夾名稱）。實驗結果如圖一。

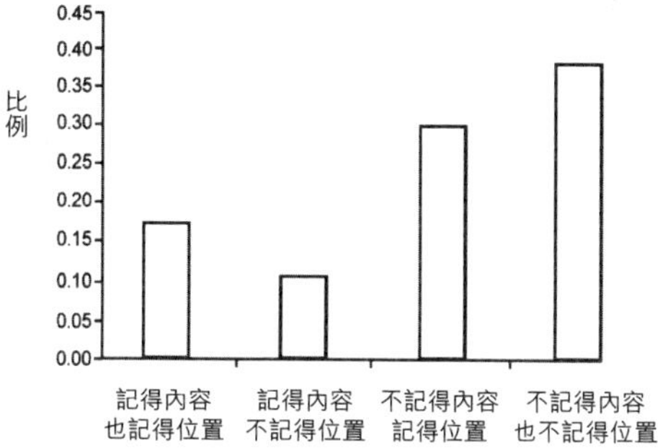

比例
0.45
0.40
0.35
0.30
0.25
0.20
0.15
0.10
0.05
0.00
記得內容也記得位置
記得內容不記得位置
不記得內容記得位置
不記得內容也不記得位置

圖一 記憶測試結果

請分項回答以下問題。

問題（一）：有甲生根據上述的實驗結果主張：「人們比較會記得資訊的儲存位置，而比較不會記得資訊的內容。」請根據圖一，說明甲生為何如此主張。文長限八十字以內（至多四行）。

問題（二）：二十一世紀資訊量以驚人的速度暴增，有人認為網路資訊易於取得，會使記憶力與思考力衰退，不利於認知學習；也有人視網際網路為人類的外接大腦記憶體，意味著我們無須記憶大量知識，而可以專注在更重要、更有創造力的事物上。對於以上兩種不同的觀點，請提出你個人的看法，文長限四百字以內（至多十九行）。

●這一題寫不好的病灶在哪裡？

問題（一）解析——

1. 被圖表底下的四種分類搞混了：「記得內容，也記得位置」、「記得內容，不記得位置」、「不記得內容，記得位置」、「不記得內容，也不記得位置」。
2. 被「參與者共有三十二位」、「閱讀三十則陳述」、「儲存在電腦裡六個已命名的資料夾」的數字與敘述嚇到了。

3.「人們比較會記得資訊的儲存位置，而比較不會記得資訊的內容。」記得儲存位置與記得資訊內容，忘了以具體的數字呈現，削弱了甲生主張的說服力。

問題（二）解析——

1. 問題（二）其實和圖表沒什麼關聯。考生若做沒有意義的遲疑，只是白白浪費時間。
2.「對於以上兩種不同的觀點，請提出你個人的看法」，思考太久，拿不定主意。

●提供考生的寫作建議

問題（一）解析——

1. 化繁為簡，不要捲入數字的漩渦，集中注意力，找出關鍵字詞。
2. 從「記得內容」和「記得位置」直接切入，進行比較。
3. 用約略數字快速相加，答案就一目了然，不要杯弓蛇影。

問題（二）解析——

1. 主張「不利於認知學習」或主張「有利於創造力」，都要斬釘截鐵；確定自己最有把握的論點與論證，有邏輯、有系統的提出看法。

2. 建立自己的立場，不要有模糊空間。如果兩個主張都要，很容易寫得打結。

3. 問題（二）有字數限制的要求，就以四百字左右的篇幅寫作，文分三段到四段。

4. 選擇綜合觀點，也是一條路，不過必須思維縝密、理路清楚，才能處理得很周全。

●國寫這樣寫

問題（一）解析——

1. 馬上審題

(1) 原命題提供的閱讀材料約三百字，考生很容易被文字敘述與多組複雜的數字所困擾，再加上「記憶測試結果圖表」關於記得、不記得「內容」跟「位置」的問題，這部分會陷入模糊，考生要快速而審慎地釐清。

(2) 問題（一）的關鍵問題，在於甲生為何根據上述的實驗結果主張：「人們比較會記得資訊的儲存位置，而比較不會記得資訊的內容。」可見「記得位置」和「記得內容」的比較，是審題和作答的關鍵！

2. 馬上立意構思

(1) 原閱讀材料的前兩段文字，其實只是背景說明，別在這裡打轉，關鍵意義在圖表歸納。

(2) 不要被圖表底下的四組文字：「記得內容，也記得位置」、「記得內容，不記得位置」、「不記得內容，記得位置」、「不記得內容，也不記得位置」所混淆。

(3) 集中焦點，別想太多，立意的核心全在：「人們比較會記得資訊的儲存位置，而比較不會記得資訊的內容。」

(4) 甲生根據實驗結果，既然主張「比較會記得儲存位置，而比較不會記得內容」，可以用邏輯來推知圖表最後一項測試結果：「不記得內容，也不記得位置」，沒有「比較」的實質意義，所以從前三個欄位來交叉比對，結果最為精準。

3. 馬上選材

(1) 記得位置的比例約是：0.17 ＋ 0.32 ＝ 0.49。

(2) 記得內容的比例約是：0.17 ＋ 0.11 ＝ 0.28。

4. 馬上寫作

【參考寫作一】

根據記憶測試結果圖表可知：不論是否記得內容，「記得位置」的比例約為○·

四九；不論是否記得位置，「記得內容」的比例約為○．二八。因此，甲生從數字的明顯差異，歸納出「人們比較會記得資訊的儲存位置，而比較不會記得資訊的內容。」這個主張。

【參考寫作二】

甲生比較的是「記得」位置「或」內容的人數，所以兩者都記得或都不記得的，在判定上沒有意義。從圖一可知只「記得內容」或只「記得位置」分別約占○．一與○．三。因此，甲生歸納出「人們比較會記得資訊的儲存位置，而比較不會記得資訊的內容。」這個主張。

問題（二）解析——

1. 馬上審題

(1) 一般而言，國寫標榜從閱讀到寫作，要求考生必須針對所提供的閱讀材料先做理解，然後根據題目要求進行分析、歸納、評論的寫作。

(2) 問題（二）為知性型寫作，在閱讀與寫作的連結上並沒有那麼密切，所要求回答的問題，即使沒有閱讀材料也能進行寫作。

(3) 這題提出兩個觀點，要考生提出個人的看法，屬於「我看」型。

(4) 可以選擇三種立場：

I. 「有利於創造力」的觀點。

II. 「不利於認知學習」的觀點。

III. 選擇綜合觀點：針對上述兩者的利弊得失，進行寫作。

2. 馬上立意構思

(1) 有利於創造力

I. 電腦科技發展日新月異：先說明二十一世紀電腦科學的資訊量，正以驚人的速度暴增，已經不是「一日千里」足以道盡。

II. 網路是人類大腦記憶體：資訊科技的發展，完全改變了人類過去憑藉大腦記憶的方式，人們只要輕輕點一下滑鼠、滑一下手機，想要的資訊馬上傳輸到我們眼前。無遠弗屆、通行無阻的網際網路，等同於人類的外接大腦記憶體。

III. 有更多時間發展創造力：人們不必再費力記憶周遭事物以及相關知識，直接跨越基礎學習的漫漫歷程，縮短認知學習的時間，可以在發展性、前瞻性、未來性等需要高創造力的項目或事物上，更專注、更集中、更有效地鑽研，發揮高效率的成果。

(2) **不利於認知學習**

I. 網路資訊取得十分便利：先說明網際網路資訊容易取得的特質，打開電腦、智慧型手機以及網路搜尋引擎，想要什麼資料，不費吹灰之力，馬上可以到手。

II. 記憶力思考力日漸衰退：網際網路的方便普及，將使人類天賦本能的記憶力日漸減弱，同時應該正常涵養出的思考力，也會日益薄弱，非常不利於基本的認知學習。

III. 未來認知學習令人憂心：當電腦取代了人腦的學能，當網際網路的大量記憶體進入我們的學習世界，便利性、快速性產生學習上的革命以及所付出的代價，讓我們十分擔憂。

(3) **綜合觀點**

綜合上述兩種立場的利弊得失後，提出己見。

3. 馬上選材

(1) **有利於創造力**

I. 這個立場是「正面」的思維。

II. 減少記憶，專注創新：闡述大量資訊的取得，不需要記憶大量知識，縮短學習的負擔，可以更專注於創新思維。

III. 多元學習，激發創意：莘莘學子不必再局限於傳統課堂的固定學習，有更廣泛的學習空間。這種多元多樣的學習觀摩，多角宏觀的豐富視野，可促進腦力激盪與創新思考。

IV. 溝通方便，交流迅速：新資訊流通迅速，使知識的傳遞便捷精準，不受時空限制，可跨國進行交流，對於創造發明，有日新月異之功。

V. 組織適當的具體事例：可以方便引用知識或研究資料；知識的搜尋與傳遞無遠弗屆，不受時空限制；跨國交換資訊流通，對於各個研究領域有很大的方便性。

VI. 看好未來，美麗展望：省去不必要的呆板學習，跳脫過去一成不變的單向思考，網際網路的學習新效能，絕不是過去的傳統學習模式所能想像與比擬的。

(2) **不利於認知學習**

I. 這個立場是從「反面」立論。

II. 網際網路學習的負面效能：所謂不利於認知學習的形式，是針對網際網路學習的負面效能來進行批判。可以從生活面、學習面、記憶力、思辨力所受到的制約，提出佐證。

III. 對於網路資訊缺乏選擇力：資訊雖然豐富，但是對於學習者來說，當面對複雜紊亂的資訊，大多數學生沒有擷取剪裁的能力，反而造成學習上的破碎零散。

IV. 網路片面資訊缺乏系統性：對於知識、事物的認知判讀與理解思考，往往片面而不完整；長期而言，容易造成思維能力的下降。

V. 過度依賴網路，缺乏自主性：資訊取得輕易方便，久而久之，自然就形成對網路的過度依賴，影響思辨力、審慎力，不知不覺中對網路資訊照單全收，更容易缺乏自主性與思考性。

VI. 缺乏自制力，反而影響學習：網路不僅是知識提供的管道，也是遊戲娛樂的平臺，若使用者缺乏自我約束的能力，網路的發達，將使學生的專注力、耐性都大幅降低，對於學習認知的妨礙十分明顯。

(3) **綜合觀點**

I. 以客觀角度整理網路普及後對於學習、創意的種種利弊與影響。

II. 針對 I. 的種種現象，提出自己的看法。

4. 馬上布局

(1) **選擇「有利於創造力」或「不利於認知學習」的觀點**

I. 開頭（第一段）：先簡要歸納兩種不同的立場，接著鮮明表達自己的主張。

II. 中幅（第二、三段）：闡述所選擇立場的理由（考生根據自己的需要，選擇其一）。

i. 網際網路，有利於創造力

．減少學習負擔，專注創新思維。

．廣泛多元學習，促進腦力激盪。

．資訊交流迅速，創意日新月異。

．舉例說明，以支撐主張的論點。

ii. 網際網路，不利於認知學習

．網路的方便普及，將使人類記憶力減弱，進而使思辨力日益衰退。

．資訊破碎零散，缺乏系統性。

．被動接受資訊，缺乏過濾挑選的能力。

．使用者缺乏自制力，反而耽誤學習。

III. 結尾（第四段）：闡述所選擇立場的結論。

i. 網際網路，有利於創造力

網路是一種傳遞知識的新工具，開啟了知識學習的大時代。我們是網路的使用者，應該要好好運用網路的便利性，發揮創造的最大效能。

ii. 網際網路，不利於認知學習

網路是一種新的學習工具，本來有利於造福人類，讓知識更加普及。但卻衍生許多問題。

(2) 選擇綜合觀點

綜合觀點的選擇，是第三種選擇。這是針對「有利於創造力」、「不利於認知學習」兩者的利弊得失闡釋議論，以做為寫作的核心。選擇綜合觀點，不是根據閱讀材料或題目引導文字，隨意將兩者組合延伸說明，就算了事；須有獨到的思維見地，才能獲得評審的青睞。

I. 開頭（第一段）：先提出網際網路的大時代已經來臨，這是不可抗拒的潮流，人們只有積極健康地面對它、運用它，發揮電腦資訊科技的最大功能，降低可能衍生的負面學習障礙。

II. 中幅（第二、三段）：正反分項闡述網際網路的優缺點。

i. 網際網路已成為普世的新學習工具與新的生活必需品，要善於發揮它的價值。

ii. 對於網際網路的運用學習，可能造成不利於認知學習的現象，以及其他負面影響，要建立一套標準與模式。

III. 結尾（第四段）：任何一種新發明都有它的可貴與可憂之處，我們要衡量它的利弊得失，不要盲目冒險嘗試是基本認知。但是，當它成為普羅大眾共同接受與認定的新潮流時，權衡利害大小輕重，做最好的規劃運用，才是好的抉擇。對於網際網路的態度，不管是新世代的思維或者是新時代的走向，我們都該有合理的認知與做法，未來才有更好的可能。

二、

你在傾聽小魚潑濺的聲音
張望春來日光閃爍在河面
微風吹過兩岸垂垂的新柳
野草莓翻越古岩上的舊苔
快樂的蜥蜴從蟄居的洞穴出來
看美麗新世界野煙靄靄——
在無知裡成型。你在傾聽
聽見自己微微哭泣的聲音
一片樹葉提早轉黃的聲音

（楊牧〈天〉）

請閱讀上列詩作，分項回答以下問題：

問題（一）：詩中有聲音的傾聽，有視覺的張望，也有快樂與哭泣。作者描寫春天的美麗新世界，但詩題為何命名為〈天〉？請從詩句中的感官知覺與情感轉變加以說明。文長限一百二十字以內（至多六行）。

問題（二）：普魯斯特（Proust, M.）在《追憶逝水年華》中說：「一小時不僅僅是一個小時，它是一只充滿香氣、聲響、念頭和氛圍的花缽。」說明時間的認知與感官知覺及感受有關。楊牧的〈夭〉透過感官描寫，傳達季節的感知，請以「季節的感思」為題，寫一篇文章，描寫你對季節的感知經驗，並抒發心中的感受與領會。

●這一題寫不好的病灶在哪裡？

這一題關於楊牧〈夭〉詩題的判讀以及「季節的感思」，是應考考生深沉的痛，除了金字塔頂端極少數學生能寫得好以外，多數考生都在B和C的中下等第之間，這一大題讓考生受到極大的震撼。臨場應考，寫不好、拿不到好成績的病灶在哪裡？

問題（一）解析——

1. 看錯題目

緊張的考生把詩題〈夭〉看成〈天〉，不想寫不好也難。

2. 字數失控

疏忽一百二十字的字數限制，過多過少都會扣分；導致文字密度欠佳，過於鬆散。

3. 素養不足

多數考生對新詩的學習，長久以來一直都是恐懼的，當看到第一小題「詩題為何命名為〈夭〉？」新詩的素養不足，考生往往就不知所措了。面對陌生的新詩材料，無法有效進行閱讀理解進而判讀，所以一開始就籠罩在悲慘的陰霾中。

4. 自信不夠

考生普遍存有「標準答案」的陰影，這種不能充分理解又想要精確答案的矛盾，成為作答慌亂，自信心不足，下筆沒有方向，偏題、離題的主因。

5. 未諳問題

沒有把握本題「感官知覺與情感轉變」的寫作暗示，闡釋關鍵意涵。

問題（二）解析——

1. 沒有充分閱讀理解全詩

讀不懂〈夭〉這首詩的意思，無法精準判讀詩眼、理解詩意、體會詩境、掌握詩情，最後大多在模稜兩可中進行寫作。

2. 審題精準度不足又不全

對於問題的文字敘述——「楊牧的〈夭〉透過感官描寫，傳達季節的感知」這個鮮明的提示，沒有精準捕捉，所以面對寫作題目「季節的感思」時，往往忽略了詩人謀篇上「由景入情」、「無知到有知」的巧妙安排與連結。至於「對季節的感知經驗，並抒發心中的感受與領會」的感知到感受，就不容易處理得宜，尤其是對季節的感知經驗，更不會運用摹寫的寫作技巧。

3. 未掌握詩旨的巧思安排

忽略了詩人透過「傾聽」，來看「美麗新世界」只是個襯托；重點在凸顯自己內心的哭泣與哀愁。

4. 未深悟「提早轉黃」的詩眼

未能深悟並敏銳思索「一片樹葉提早轉黃的聲音」的深沉意象。

5. 立意取材布局未能聚焦

以四季作為「季節的感思」的範疇固無不可，但是多數考生不容易聚焦，導致泛泛而談，文情就顯得鬆散，容易貧弱乏力。

6. 忽略了題目的其他提示

沒有揣摩普魯斯特《追憶似水年華》中的一段提示。

●提供考生的寫作建議

問題（一）解析——

1. 找出關鍵的連結

從詩題〈夭〉和詩句「一片樹葉提早轉黃」進行發想。〈夭〉就是夭折，直覺就可以和「一片樹葉提早轉黃」找到連結。「提早轉黃的樹葉」是作者情感早夭的暗示，直指內心深處的情緒。

2. 注意詩境的反差

從感官經驗種種欣欣向榮的具體意象和「一片樹葉提早轉黃」的微弱生機，歸結出詩人在詩境中，刻意營造生命榮枯的強烈反差作用，進行理解。

3. 理解哀傷的詩心

「聽見自己微微哭泣的聲音」和「一片樹葉提早轉黃」，以抽象和具體來呈現哀傷的生命情調。透過感官的知覺，表現生機的喜悅；驚覺一片樹葉提早轉黃，「夭」的悲涼就出現了。

4. 注意詩情的轉折

「樹葉」，是詩人內心世界的象徵；「傾聽」，是感官知覺與情感轉變的歷程，是渴望也是幻滅的過程；至於「哭泣」，則是早夭無以宣洩的哀愁。

問題（二）解析——

1. 傾聽大自然美麗的生機，同時也傾聽自己早衰的內在生命，「一片樹葉提早轉黃」，是早夭情感世界的哭泣聲，更是無可奈何的哀傷情調。傾聽是作者內心纖細的覺察，「新生」和「早凋」是強烈的反差。
2. 楊牧以春的悲喜反差，來表現詩境的波瀾。「季節的感思」，在短暫而有限的應考時間內，參酌仿作是最簡便的策略，所以建議以單一季節為範疇，不管春、夏、秋、冬都行。以摹寫景境入手，以多元多樣的具象進行鋪墊，最後以含蓄不露的微妙情感收束，成功率比較高。
3. 透過大自然生機澎湃的具體意象，以春天新生而美麗的流動，如聽魚潑濺聲、張望春光的河影、微風吹新柳、野草莓的春動、蜥蜴快樂的迎春，感知春的消息。以這種天地間自然而然的美麗景象，襯托詩人內心世界的哀愁，一如提早轉黃的樹葉。

4. 看美麗新世界在「無知的自然天地」裡成型，聽見自己內心在「有知的情感世界」夭謝，微微的哭泣聲，輕輕撥動哀愁的強大情緒。

5. 從普魯斯特《追憶逝水年華》一書中，可以體會「時間的認知與感官知覺及感受有關」，有助於「季節的感思」的立意構思。

6. 文章寫作宜以「描寫、記敘、抒情三種文體的巧妙結合」最為理想；由於時間限制，字數在五百至六百之間最適當，不高於七百字，不低於四百字。

●國寫這樣寫

〈夭〉創作背景說明

楊牧這一首〈夭〉詩，錄自其中期作品《禁忌的遊戲》，詩作偏向於現實。一九七五年，楊牧出國多年後首次返臺長住，這個時期創作的詩歌在內容題材上，不少是反映現實人生的抑鬱心情。

楊牧於一九七五至一九七六年間擔任臺大客座教授，一年後返回西雅圖，旋即面對離婚的衝擊。這一首詩創作於一九七八年，詩中的苦悶情緒，應來自於內心深處無可奈何的哀愁。

這首詩比較合理的判讀是：詩人與自己內心的對話。詩的創作背景適逢生命中感情的低潮與挫折，本詩正是現實生活中無可收拾或難以平復的哀傷。

問題（一）解析——

1. 馬上審題

(1) 第一題問的是：「詩題為何命名為〈夭〉？」考生必須貼著這一句，聚焦答題。

(2)「夭」簡單的說就是「夭折」。報上說有粗心的考生看成「天」，真的是「我的天啊！」

(3) 原命題有針對性的提醒：

I.「作者描寫春天的美麗新世界，但詩題為何命名為〈夭〉？」這是提示考生可以從詩中「新生」與「夭折」的對比表現來思考。

II.「請從詩句中的感官知覺與情感轉變加以說明」，考生必須扣緊「感官知覺」與「情感轉變」的聯繫，這是提示可以從感官與情意的表裡關係來思索。

2. 馬上立意構思

(1)「夭」，就是夭折，短命早死。這是詩人創作的詩旨。

(2) 從詩的句法分析：「小魚濺濺」、「河面春光」、「風吹新柳」、「野草莓翻越」、「蜥蜴驚蟄」等具象的描寫，是為了對比「一片樹葉提早轉黃」。

(3) 從感官與情意的表裡關係解讀：「感官的知覺」——透過聽覺、視覺、觸覺等感官，感受春天新生美麗的意象；「情感的轉變」——烘托乍見一片早夭的樹葉提早轉黃，情感陡然一落，勾起內心深處無限的哀愁。

3. 馬上選材

(1) 以第二人稱的「你」作為傾聽的基礎，這個你可以是詩人楊牧，也可以是讀者，更可以是領會大自然生命變化的所有人。

(2) 透過春聲、春光、春色、春味、春知等一片生意的歡喜，寫魚之樂、光之暖、柳之新、莓之野、蜥蜴之樂……傾聽大自然一切美的饗宴之餘，乍見也乍聽一片樹葉提早轉黃的哀泣聲，於是「你」聽見自己內心深處微微哭泣的聲音，也聽見大自然另一面的悲歌，悲情油然而生。

4. 馬上寫作

【參考寫作】

詩人以生機蓬勃的春景，烘托一片樹葉不幸早凋。詩以聽覺、視覺、觸覺等感官，摹寫大自然欣欣向榮的生命喜樂。然而萬物「無知」，只知樂生，不解悲死；「有知」的詩人，情緒急轉直下，內心哭泣。由樂轉悲，以樹葉的早夭，勾勒心境的悲涼，因此命名為「夭」。

問題（二）解析——

1. 馬上審題

(1)〈夭〉這一首詩共有九行，其中以七行來寫大地的新生，以「聲音」的捕捉作為詩境的節奏，「傾聽」順理成章成為詩人發現的線索。

(2)詩中有聲音的傾聽、有視覺的張望、有觸覺的悸動、有味覺的想像，也有動物的甦醒，然後歸納出「看美麗新世界野煙靄靄，在無知裡成型。」詩進行到這裡並沒有結束，作者透過感官經驗的感受，敏銳地感受到生機的春召；這五組不同意象的經營，具體而出色地發揮譬喻的效果。

(3)就審題而言，最驚悚也是最精采之處，是詩人以強烈的反差，對比出生命的早夭，將這首詩的哀愁驟然推向最高點。作者以春的「新生」與「早夭」做對照，傳達季節的感思，鮮明的發抒內心的哀傷作結。

2. 馬上立意構思

(1) 感官描寫，個人感知

引導文字中這樣提示：「楊牧的〈夭〉透過感官描寫，傳達季節的感知。」要求考生以「季節的感思」為題，寫一篇文章，描寫對季節的感知經驗，並抒發心中的感受與領會。「感知」是感覺和知覺的總稱，有具體的感知力，就會有感受力。

(2) 以傾聽貫穿各種感知

考生可以從「你在傾聽」來解讀詩人的心，傾聽小魚潑濺的魚鬧聲（聽覺）、傾聽春陽的光鮮（視覺）、傾聽風吹兩岸的新柳（觸覺）、傾聽野草莓翻越的青澀、傾聽蜥蜴的驚喜，大量運用移覺摹寫的手法，以「傾聽」的聽覺來貫串其他感官的知覺。

(3) 以「美麗新世界」映襯哭泣

這些美麗新世界的景象，一切是那麼自然而然，目的在反襯末節的「你在傾聽／聽見自己微微哭泣的聲音」。

(4) 以早夭的樹葉，勾勒心境的悲涼

「一片樹葉提早轉黃」，可以看成是譬喻，這是從「快樂」到「哭泣」，從春天的「美麗」到春天的「早夭」，從萬物的「無知」到詩人的「有知」，從外在感官知覺到內在情感的轉變，也就是感知到感受的過程，主要在抒寫詩人內在壓抑的苦悶與哀愁。

(5) 換個角度思考

詩人可能先目睹「一片樹葉提早轉黃」，新春伊始，乍見早夭的一片樹葉，現實人生一直難以排遣的情感世界，隱隱迸發而跌入哀傷之中，眼見這提早凋零的枯葉，詩人傾聽到自己微微哭泣的聲音。此時，面對大地無知（不知不覺）新生崢嶸的春景，自己情感的有知，頓時悸動不已。詩人以摹寫起筆，由景到情的轉變，陷入難以壓抑的哀傷，無非是內心世界的自我衝突，正是自己與內心的深沉對話。這種文學表現的手法十分鮮明，可以做為文章立意仿作的基準。

(6) 借題發揮

問題（二）有一段引導文字：普魯斯特（Proust, M.）在《追憶逝水年華》中說：「一小時不僅僅是一個小時，它是一只充滿香氣、聲響、念頭和氛圍的花缽。」說明時間的認知與感官知覺及感受有關。這個部分考生也可以拿來做為立意構思的參考。

3. 馬上選材

(1)〈夭〉這首詩，作者真正想表現的部分集中在情感的發抒。

(2)「你在傾聽／聽見自己微微哭泣的聲音／一片樹葉提早轉黃的聲音」，詩人筆下的「你」，可能是詩人自己的化身，可以從個人情感的淒苦著手，為自己訴悲。

(3)詩人筆下的「你」，也可以從宏觀面大氣象、大格局寫去，當作吟詠大自然早衰的慘怛，以蕭颯的筆調，為天地唱一曲悲涼的哀歌。

(4)建議考生在進行寫作時，最好改成第一人稱「我」的描述兼抒懷手法，用字遣詞之間，比較不會造成矛盾或形成衝突的疑慮。

(5)就貼近命題的目標而言，這首詩的「寫作手法」(感官摹寫)與「表現情感方式」(映襯)，值得考生揣摩。在很短的時間內，考生如何寫就一篇文情並茂的好文，才是王道。

(6)這一篇以景入情，如何從時令與季節的感知經驗，融入個人生命情感的感受，是最理想的表現方式。

(7)開頭說理，結尾也說理，遙相呼應作結的手法，相信在閱卷者眼中並不討喜。

4. 馬上布局

(1)**第一段**：選擇一個最有感覺、最有把握的「季節」，細緻描寫起筆。

(2) **第二段**：描寫這個季節的感知經驗：

I. 建議可以從嗅覺、聽覺、視覺、觸覺的摹寫手法進行描述，例如：夏天的滂沱大雨，傾注在躁熱的大地，有一種逼人的土腥味……

II. 可以參考楊牧〈夭〉描寫春天的手法，透過景境的強烈反差，來寄寓心境上的感傷。

(3) **第三段**：這個季節的感知經驗，讓你產生何種感受？

I. 喜、怒、哀、樂的感受，最好任選其一，心境悲喜的處理，可以和第一段的描寫相互呼應。

II. 表達感受的情緒，也可以和第一段描寫的景境相反（模仿楊牧〈夭〉的反襯手法）。

(4) **第四段**：以這個季節的感知，適度而巧妙的在自己心境上，做合理的投射作結。

5. 馬上寫作

【參考寫作二】

建國中學　張宏遠

戴著深藍色的棉口罩，呵出的溫暖無從宣洩，只得向上竄升，霧了眼前的世界。我拿下眼鏡，以袖角揩擦，只剩一片朦朧。地上遺留的水漬，濺濕了在校園漫步的襪，起落間，稍稍找回腳底的知覺。寒氣刺痛了我的鼻腔，大吸一口，什麼味兒也沒有，就只有沁膚的嗆寒。

沙沙沙，腳步驚動了一群落葉，赫然發現腳下一片橘紅。巴掌大的厚實葉片邊緣呈波浪狀，烈焰般的紅向內漸層，焦蝕著葉中央殘留的褐線。我抬頭仰望，是一棵光禿禿的樹，裸露出平時被葉羽包覆的枝條，一環一環的樹皮清晰可見。一陣刺骨的寒風吹過，樹隨之左右搖動，毫無聲響，我將羽絨大衣的帽子戴上，不禁打了個冷顫。

再定神一瞧，在白灰色的細長枝條間，我驚訝的發現一抹鮮綠，襯著藍天，在搖動中時隱時現。現在絕不是生命萌發的春，欣欣向榮的夏，風韻猶存的秋。它也不是戀著生命，枯死枝頭不放的殘葉，它就是個新生，在這看似逃不出的循環裡，瀟灑地在朔風中搖擺。

刺眼的陽光再度朦朧了我的眼，我彷彿看見一隻巨掌堅挺地攫住了藍天，手中的綠寶石在陽光的照耀下，散發著神祕的光輝。我伸出手，同樣向著藍天，握了握，發出喀啦喀啦的聲音，傳來一陣酸爽，手心漸漸暖了起來。

【參考寫作二】

建國中學　王盈玄

早春時節，春雨悄悄來臨，淅瀝嘩啦地洗褪寒氣，在潺潺溪水間留下此起彼落的漣漪。悶雷一響，激起了初生的火花，嫩綠的新葉、嫣紅的花蕾爬上枝頭。春鳥亂鳴襯著滴答的雨聲，春的節奏是流淌的詩顏，春的喜雨，輕靈曼妙了起來。

早開的嫣紅搶占了枝椏，獨自秀麗地在新綠間隙中痴望春陽，宣告春意來臨，成了天地間最美的一朵香。剎那間，春寒的冷雨驟至，雨聲追過花瓣落水的輕響，潺潺溪水上多了幾分顏色，落花流水春才來，可憐新春第一色胭脂，只能順著流水載浮載沉。

流水落花總令人傷感，春溪第一道紅的宿命更令人惋嘆。但在我看來，落花遇上流水，合該是自然界最美麗的交會。清清溪漾，杜鵑花落紅，像流動的明鏡涓涓澄澈，開出淡然的優雅。初春的驟雨稍歇，一束天光照得水面波光粼粼，一抹早天的春鬧，亂了蜿蜒的河道。春水伴著落花走完這段水路，相擁著往下奔流。

水性終是就下，花謝不免凋殘，不歸路再怎麼燦爛，也終是條不歸路。當命運訂下這場交會之時，散夥便成了必然。正要起舞的早春，那一場神祕的無常成了最隨興的邂逅。當春神的腳步真正踏足這片土地，春天的節奏齊鳴時，屬於第一場流水與落花早熟的春情，成了亂碼的愛戀。春陽刺眼，後來爭競花香的枝頭，個個自詡是最早到的撲鼻。

當我從堤岸走過，天空上白雲如絲，像是凝春的雨神。下一場飄零的落花，正醞釀著春流的歸情；命不可運，我深邃的私情，望著滿山點點的野紅，哪一朵是我最美的印記？我是一朵等待飄零的落花。趕不上路的渴春，只求給我一個可能，看著天，問白雲。

【參考寫作三】

建國中學　林建瑄

河堤邊的林子裡，昨日的綠葉又染上一分今日的秋色。

當徐徐暖風中微有一絲涼意，那是秋輕輕的腳步。遠遠望去一抹青鬱似乎依舊，薰風裡散漫地搖擺著，盪出一片醉人的綠，但秋的足印已無聲無息地拓上每一片葉子，一步一步，在我漫不經心快意於春夏生機的長存時，一點一點蝕去樹梢的青翠。

等到我猛然省覺，枝枒上往往已經枯黃大半。

歲月如秋，從不來個鯨吞教你察覺，總潛移默化，漸漸地蠶食。待你東奔西跑，做足了所謂揮灑青春熱血，驀然自視，才驚覺自己早給踏皺，全身滿是歲月的腳印子。

吊兒郎當十七歲說老，似乎是痴人說夢，但轉眼前我彷彿也還是那個大字不識、成天無所事事的小孩子。隨石磨緩緩推轉，不多時也許十、七便要悄悄互替了位。

我一驚之下，手忙腳亂想掬挽時間的細流，才發現絲毫無濟於事，何必試圖抹去綠葉上的褐斑？泛黃只是落地那一聲巨響的前奏，而化作塵土又不過為再生的號角。甫起步的一切終將走到盡頭，盡頭前一轉，又是一個春天。

秋慢而挽之不留的步伐令人感傷，但為止不住的消逝擔憂落淚，不如著眼新生喜極而泣。等秋濃濃地染遍大地，冬很快就會來臨，冷冷地凝住一切，但死寂過後，枝上仍將滿發新葉。

【參考寫作四】

建國中學　林建瑄

當一園的樹隨秋風翩翩起舞，黃褐色的枝條在徐徐擺盪下愈發輕盈時，獨有一株挺著滿樹豔黃。那是外婆園裡唯一的一棵桂花樹。

金秋十月，外婆知我貪玩，蒐集桂花時總遣我去花樹下，像兒時的琦君一般搖桂花，獨獨一棵桂花樹的花雨，自然比不上連下一園子桂花的壯觀。但能勝任這「作家的差事」，我樂在其中。外婆則俐落地將桂花裝成了小袋，做成桂花茶、桂花糕。

直到一年前，一刻也閒不住的外婆時常摔倒，診斷出患了帕金森氏症，好動如她，因肌肉僵化而從往昔的健朗如春，漸漸枯萎，連帶困於憂鬱症的外婆，終日陷在輪椅中，而年年如儀式般的搖桂花，也戛然而止。內心隱隱的空虛感，及生命力逐漸流逝的外婆，第一次讓我體會到綠葉轉黃，落去的感傷與不捨。

枯葉遍地，無人照管的院子裡，我沒有理由悲傷，那一樹的黃花燦然依舊。秋天悄然拂去曾經翠綠的葉，徒留了無生氣的空枝，但那令人悵然的亡去，預告的卻是一個新的開端。枯葉落地為泥，它們腐敗的身軀，漸漸化作了土壤滋潤的泉源。當一樹的桂花開綻，便是它們嬌豔的回歸。秋天帶來的憂傷，不過因其表面的敗亡，一時掩去了生機。

事實上四季運轉不息，春天不是真正的開始，秋也不代表絕對的衰亡。

生命或許亦復如是。外婆無力照顧花園，由母親與我接手，終有一日，我也將離去。但我知道，每到秋天，那株桂花樹仍會在滿地的枯葉中盛開，也許到時仍會有一雙小手，興奮地搖著樹幹，搖著、搖著……

◉實戰2

國寫試辨試題這樣寫

106年試辨試題

一、

人們行事往往有其原因或目的，例如積極援助國際難民的行為，政治人物有可能是迫於民意與輿論壓力不得不然；企業家有可能是為了博取好名聲而慷慨解囊、捐助大筆經費；教徒有可能是受到宗教信仰的影響，因此主動救援。一件表面上看來是單純援助難民的行為，背後卻有各式各樣的緣由。

請仔細閱讀以下四則事例，一一分析馮諼、朱家、士紳、廠商他們行為背後的原因或目的，然後分別加以評論。

注意：請以條列方式分別作答，四則事例每一則皆須分析、評論。

1.《戰國策・齊策》中記載馮諼為孟嘗君收責（債）於薛，使吏召諸民當償者，悉來合券。券遍合，起矯命（假稱奉孟嘗君之命）以責（債）賜諸民，因燒其券，民稱萬歲。後齊王廢孟嘗君，孟嘗君就國於薛，未至百里，民扶老攜幼，迎君道中。

2.《史記》〈游俠列傳〉與〈季布欒布列傳〉記載漢高祖劉邦滅項羽後，懸賞千金捉拿項羽舊屬季布，並下令窩藏者將誅滅三族。魯人朱家為游俠，與季布並不熟識，冒死藏匿季布，並透過夏侯嬰（漢代開國功臣，與劉邦交情甚深）說服劉邦赦免季布的罪。但後來季布做了官，朱家反而終身都不與他相見。

3. 一九一二年，搭載三千多人的巨型郵輪《鐵達尼號》撞上冰山，在沉船的危急時刻，儘管救生艇數量有限，士紳仍協助婦孺優先搭乘逃生，並未爭先恐後自顧逃命。

4. 某品牌鞋子廠商以「賣一捐一」方式銷售產品：廠商每賣出一雙鞋，就捐一雙給需要者。

●這一題寫不好的病灶在哪裡？

「分析與評論」這題要求考生閱讀短文材料後，根據引文四則事例分析馮諼、朱家、士紳、廠商他們行為背後的原因或目的，然後分別加以評論。本題大致有以下幾點值得警惕：

1. 很多考生沒看清題意，把四則事例混為一談。
2. 將第一則與第二則事例，以白話文換句話說，沒有消化分析、理解整合。
3. 對於四則事例，分別將「分析」與「評論」寫到一塊兒，下筆沒有條理。
4. 考生不清楚：「分析」是客觀的條分縷析；「評論」則是主觀的議論批駁。
5. 很多考生在回答這四則問題時，出現太多不必要的陳述，甚或捨本逐末。
6. 「分析」與「評論」答題的篇幅比例，考生沒有把握兩者並重的原則。

●提供考生的寫作建議

1. 「分析與評論」這一題，關鍵字詞就在「分析」與「評論」，重點在分析與評論這四則事例。兩者同等重要，把握這個原則，這一題就會顯得四平八穩。還有一個關鍵字詞是技術層面的「條列」作答。

2. 以條列方式分別作答，應是指四小題要「按照題號」依序作答，也是指按照「分析」、「評論」條列分別作答。原命題表述不夠清楚，不免造成考生的猜疑。

3. 就本題的答題技巧而言，「分析多於評論」或「評論多於分析」，都是作答的瑕疵；「只做分析，不做評論」或「只做評論，不做分析」，這都犯了厚此薄彼或厚彼薄此的大忌。

4. 根據題目指示：「注意：請以條列方式分別作答，四則事例每一則皆須分析、評論。」這個提示的要點是：「分析」是要求考生提出各則的背後原因；「評論」則是要求針對這四則，分別加以評論。分析是客觀的解析，重在「說明」；評論是主觀的見解，重在「議論」。這一點認知，考生要拿捏得宜，冷靜寫作。

5. 這四則的總字數，建議以六百字為度；各則大致也以一百五十字的篇幅進行寫作，上限兩百字。抓住了竅門，可以展現「小而美」的寫作魅力。

6. 這一大題客觀的「分析」容易整理；「評論」的主觀見解，考生比較不易做到精闢、獨到的呈現。

●國寫這樣寫

1. 馬上審題

(1) 題目

依照大考中心第一次正式公布國寫題型的分類標準，第一題「分析與評論」，屬於知性型國寫題，測驗目標的重點，在測驗知性的統整判斷能力。

(2) 關鍵字詞

四則材料本身並沒有訂定題目，從命題的要求「分析與評論」來看，這一題以知性論述為主的四則材料，寫作重點就在「分析」與「評論」，考生不要做沒有必要或過多的敘述；集中焦點，做好分析，提出見解。

(3) 閱讀理解

I. 命題設計列舉了四則材料，做為閱讀的基礎：

引文的第一句話，是最關鍵的重點——「人們行事往往有其原因或目的」——要求考生一一分析這四則材料中，人物行事的背景原因，然後在這個基礎上，一一獨立分別進行評論。

II. 引文為了提供考生作答的理解，特別舉了一個簡單的例子：

i. 主題：積極援助國際難民。

政治人物、企業家、教徒援助難民的行為，他們行事的背景原因，可能如下：

· 政治人物可能是迫於民意與輿論壓力不得不然。

· 企業家可能是為了博取好名聲而慷慨解囊、捐助大筆經費。

· 教徒有可能是受到宗教信仰的影響，因此主動救援。

ii. 結論：一件表面上看來是單純援助難民的行為，背後卻有各式各樣的緣由。

III. 仿照以上手法進行寫作：「仔細閱讀以下四則事例，一一分析馮諼、朱家、士紳、廠商他們行為背後的原因或目的，然後分別加以評論。」

IV. 注意事項：「請以條列方式分別作答，四則事例每一則皆須分析、評論。」

從八十三年起，大學學測實施的非選題（作文），大考中心常常在命題關鍵處，溫馨提醒考生該題的寫作要求，俾利考生有所遵循。大考中心言者諄諄，可惜不少考生聽者藐藐，常常觸犯寫作要求的忌諱，丟了不該丟的分數。

2. 馬上立意構思

引文劈頭就說：「人們行事往往有其原因或目的。」就答題的立意構思而言，這一題要求考生分析各則材料中，行事的背景原因，並且進行評論。簡言之，這一題就是鎖定在：要求考生針對這四則材料進行「分析」與「評論」。

(1) **第一則（馮諼的市義）**

I. 分析

i. 行事：馮諼當場銷毀薛地（孟嘗君封地）百姓的債券。

ii. 原因：為孟嘗君市義，目地在策劃協助孟嘗君贏得薛地的民心。

iii. 結果：孟嘗君贏得薛地民心的擁戴。

II. 評論

i. 正面：A. 穩固孟嘗君的政治實力；B. 孟嘗君、馮諼、薛地百姓三贏。

ii. 負面：市義只是手段，政治意涵深。

(2) **第二則（游俠的仗義）**

I. 分析

i. 行事：朱家冒死藏匿季布。

ii. 原因：游俠朱家仗義救人。

iii. 結果：季布做了官，朱家終身不見季布。

II. 評論

i. 正面：A. 仗義就是英雄；B. 為了惜才冒死救人；C. 不為名利只為俠義。

ii. 負面：冒死窩藏罪犯，以株連三族做賭注。

(3) **第三則（士紳的形象）**

I. 分析

i. 行事：《鐵達尼號》撞冰山，士紳協助婦孺優先逃生。

ii. 原因：士紳們人品高尚。

iii. 結果：婦孺活命。

II. 評論

．正面：A. 展現人性的光輝；B. 教育背景讓士紳有更大的承擔；C. 士紳品德的昇華；D. 大愛忘私。

(4) **第四則（廠商的策略）**

I. 分析

i. 行事：某品牌鞋子廠商以「賣一捐一」的手法銷售產品。

ii. 原因：追求利潤的聰明策略。

iii. 結果：供應商賺到錢，消費者買到鞋；供應商建立品牌形象，消費者滿意行善的作為。

II. 評論

i. 正面：A. 創造三贏的策略與局面；B. 三贏——各方都獲利。

ii. 負面：A. 商業利益為先；B. 消費「義舉」的純潔性。

3. 馬上選材

這一題屬於「短文型」的「分析與評論」，過去學測的非選擇題，常常有這種題型。因為「國寫」獨立成為一個考科，一連四則材料要求分析與評論，並不意外。但是對於考生來說，卻不免產生恐慌心理。因為題數有兩大題，題目本身又沒有限制字數，考生必須考量與把握時間因素，這一題總字數以六百字為度，是比較合宜的。

一〇七年起的「國語文寫作能力測驗」和自八十三年以來學測的「語文表達能力測驗」有非常緊密的相關性。「國寫」脫胎於「語表」，這是毋庸置疑的事實。就選材而言，要面對的就是引文中已經提供的這些材料，如果考生離開這些材料，去另闢蹊徑，就掉入「偏題」或「離題」的泥淖之中。建議考生直接思考這些既定的引文，找出寫作的關鍵部分，才能找到寫作的捷徑。

(1) 第一則（策士馮諼的行為）資料整理

I. 材料

i. 背景因素：馮諼為孟嘗君收責（債）於薛，使吏召諸民當償者，悉來合券。

ii. 矯命市義：假稱奉孟嘗君之命以債賜諸民，因燒其券，民稱萬歲。

iii. 贏得民心：後來齊王廢孟嘗君，孟嘗君就國於薛，未至百里，民扶老攜幼，迎君道中。

以上摘錄《戰國策・齊策》中〈馮諼客孟嘗君〉部分故事的範疇，大致而言，離不開背景因素、矯命市義、贏得民心三項簡要的內容。

II. 分析

馮諼「市義」行為背後的原因，重點就在上述 i 和 ii。最後的結果是：孟嘗君贏得民心擁戴。這個部分要精準扣題，進行客觀性的歸納。

III. 評論

命題的要求除了分析「市義」的目的或原因，還要求考生評論。評論是全面性的討論，無論考生站在正方或反方，必須旗幟鮮明，立場堅定。至於正面品評或反面批判，悉聽尊便，重點在於要給個有獨到見地的說法。

i. 正面思考：馮諼為鞏固孟嘗君的政治生涯，必須要讓孟嘗君有穩固基礎的政治實力，薛地民心是馮諼為孟嘗君營造的第一窟。「市義」，是他精心設計、替孟嘗君贏得民心的智略。從這個角度去發揮正向的評論，是可以得到喝采的。

ii. 反向思考：考生也可以從批判的角度立論，集中焦點，批評「市義」是為了遂行政治目的的手段，銷毀債券以得民心，這完全是政治考量，愚弄簡單純潔的薛地人民，令人感到遺憾。

(2) **第二則（游俠朱家的行為）資料整理**

I. 材料

i. 窩藏罪犯：漢高祖劉邦滅項羽後，懸賞千金捉拿項羽舊屬季布，並下令窩藏者將誅滅三族。

ii. 行俠仗義：魯人朱家為游俠，與季布並不熟識，冒死藏匿季布，並透過夏侯嬰（漢代開國功臣，與劉邦交情甚深）說服劉邦赦免季布的罪。

iii. 功成不居：後來季布做了官，朱家反而終身都不與他相見。

II. 分析

朱家為了惜才愛才，不惜窩藏罪犯，冒著誅滅三族的風險，目的就為了行俠仗義。我們解構朱家冒死藏匿季布，並透過夏侯嬰說服劉邦赦免季布的罪，這是朱家窩藏罪犯的行為動機。

III. 評論

游俠一生的堅持，就在仗義這一念；「窩藏罪犯」是評論的焦點，誅滅三族的恫嚇並沒有動搖朱家的信念，還進一步設法讓季布脫罪。後來季布做了官，朱家反而終身不和他打交道。只問「義不義」，不問「利不利」，十足游俠性格。

i. 正面思考：朱家惜才救季布，甘冒大不韙，仗義是游俠一生的事業。從游俠的角度與仗義做有機的結合，是肯定朱家最合理的入手處。不畏生命的威脅，不求利益的回報，這就是朱家的游俠本色。

ii. 反面思考：這個角度比較沒有發揮的空間，游俠仗義似乎已成了天經地義的俠客本色。負面反思，大概只能從冒死窩藏罪犯，以株連三族做賭注，找個理由來批判，但是效果不佳。

(3)

第三則（士紳的行為）資料整理

I. 材料

i. 故事背景：一九一二年，搭載三千多人的巨型郵輪《鐵達尼號》撞上冰山。

ii. 救助婦孺：在沉船的危急時刻，士紳救助婦孺弱小，讓他們優先搭救生艇逃生。

iii. 士紳本色：救生艇數量有限，士紳助人為先，並未爭先恐後，自顧逃命。

II. 分析

士紳（即紳士）們以救助婦孺為先，犧牲性命成全他人，這是道德昇華的表現。這種捨己救人的紳士精神，已經超越自我生命的極致，是人品卓絕的最高形象，也是紳士氣質最優雅的成人之美。

III. 評論

《鐵達尼號》的紳士們，不計個人安危，捨己性命救助婦孺弱小的大愛，這個行為背後的原因，是人性之美的最高表現。從評論的角度而言，反面負面的論調不容易成立。建議考生以「捨己救人的精神」做為評論基礎，以紳士的卓越品德形象做為探索的內容，比較有說服力。

・正面思考：教育是造就紳士精神的內在基礎，品德的自然實現是紳士們人性之美的崇高作為，平時紳士也許只是紳士，擁有一定高貴的氣質，在最關鍵的時刻，能集體展現出紳士們捨己利他的大愛。這是一種令人無限崇敬的人間大愛。

(4) 第四則（廠商的行為）資料整理

I. 材料

i. 背景因素：某品牌鞋子廠商銷售鞋子產品。

ii. 賣一捐一：廠商「賣一捐一」策略，每賣出一雙鞋，就捐一雙給需要的人。

II. 分析

這是某品牌鞋子廠商的行銷策略，以「賣一捐一」手法促銷鞋子，掌握消費者在消費的同時樂於行善的心理，建立自己的品牌形象。

III. 評論

這家鞋子廠商「賣一捐一」的業務銷售策略：廠商每賣出一雙鞋子，就主動捐出一雙鞋子給需要的人。從正面來看是成功的行銷策略，消費者在購買鞋子的同時，感覺自己也在間接做善事。站在刺激銷售量的廣告效果而言，這個策略有很強大的說服力。但從負面的思考來深省，其實這只是一樁不折不扣的商業考量，純粹是廠商單方面的利益策略，屬於十分典型的銷售花招。

i. 正面思考：這是一個成功的行銷策略，讓廠商、消費者、公益團體三方都能受益。這是十分聰明的三贏策略，一方面創造公司利潤，一方面滿足消費者的公益心理，另一方面又能讓有需要的弱勢團體獲得實質的關懷；最重要的是，建立品牌穩固而美好的形象。

ii. 反面思考：「賣一捐一」的促銷策略，看似行善的回饋心理，其實整體策略的背後，卻完全充滿利益的考量。這家鞋子廠商透過「行善」的廣告企劃，抓住人性良善的慈悲心，引起消費者支持做好事的善念，藉機刺激鞋子的銷售業績，仔細一想，就只是為了促銷產品而已，十分可議。

4. 馬上布局

(1) 這四則必須一一分別做短文的「分析」與「評論」。

(2) 每一則大約安排一百五十字的字數。

(3) 每一則要標示題號 1、2、3、4 依序寫作。

(4) 每一則要條列出「分析」、「評論」這兩個標題，作為兩個段落的答題開頭，眉目才會清楚。

(5) 謀篇布局請參酌前文「馬上選材」的「分析」、「評論」的解說，做為下筆寫作的參考。

二、

1. 王維〈辛夷塢〉：

木末芙蓉花，山中發紅萼。澗戶寂無人，紛紛開且落。

辛夷塢：長有辛夷樹的山坳。

木末：樹梢。

芙蓉花：此處指辛夷花。

紅萼：紅花。

澗戶：山澗裡的人家。

2. 鹿橋《人子》中有〈幽谷〉一文，大意是說：

一位旅人走到一個幽谷，晚上他在閃爍的星空下微笑睡著。醒來，依稀聽到將於黎明時開花的小草們興奮地談著自己會被花天使賦予什麼顏色。其中一個幸運兒，花天使給了她愛什麼顏色，就開什麼顏色的選擇權。她靜默地苦思、又苦思；不斷地決定了，又在覺得不該辜負這樣的榮譽下，不斷地放棄。最後，當黎明來到，太陽猛地升起，所有的草花都綻放各個不同的顏色；而就在滿目盛開的繽紛花朵中，卻有一株美好枝梗，擎著一個沒有顏色、尚未開放就已經枯萎的小蓓蕾。

上引二則詩文，各有它蘊含的旨趣，請用心思索、尋味後，以「花開花謝」為題，作文一篇，先分別說明對此二則詩文所體會出的含意，而後設想如果自己是一朵花，會希望有什麼樣的生命過程與生命結果。

●這一題寫不好的病灶在哪裡？

關於「花開花謝」這一題，要求考生閱讀二則詩文後，先分別說明對此二則詩文所體會出的含意，而後設想如果自己是一朵花，會希望有什麼樣的生命過程與生命結果。本題大致有以下幾點值得警惕：

1. 考生未理解詩境，將「澗戶寂無人」，誤解成家道中落的山澗人家。
2. 考生錯誤解讀：「紛紛開且落」的辛夷花，因為無人欣賞，一一逐漸凋零。

3. 考生未用心思索，錯將枯萎的蓓蕾，詮釋成「與眾不同」，做不當的演繹。
4. 誤解：辛夷花有伴，遂生氣澎湃；山澗的住家無人聞問，顯得孤寂落魄。
5. 誤解：辛夷花綻放在山澗中，長錯地方，所以紛紛開且落，十分落寞。
6. 跳脫詩境，不當聯想，以民族危亡、社會動盪、民不聊生、妻離子散等等，進行國家政策失當的批判，滿篇高談闊論。
7. 過度解讀：「枯萎蓓蕾」的象徵，引申無據，比喻成堅持形象，永不屈服。
8. 以旅人走在幽谷發想，做為寫作重點，謀篇捨本逐末，未扣題。
9. 以小草們妒忌幸運的小草做論述，從「樹大招風」大發議論，方向錯誤。
10. 想像自己是一朵花，卻選擇花朵的外表，侈談「印象」與「形象」的比較。
11. 從小草到綻開花朵的過程，暢談人生只有走出來的美麗，不能等待。
12. 對兩篇詩文所體會出的含意，以及對生命的體會輕描淡寫，點到為止。

●提供考生的寫作建議

1. 「花開花謝」這一題，關鍵字詞在「體會」與「設想」，重點在分別體會詩文的含意，以及設想自己是一朵花，希望有什麼樣的生命過程與生命結果。

2. 閱讀兩則詩文力求深入了解，並且尋繹出兩則詩文的相關性，才能切中原材料的旨趣和命題的關鍵點，最後輕鬆寫作。

3. 先確知王維是盛唐自然派詩人，再配合補充解釋來理解〈辛夷塢〉，在詮釋與體會第一則材料的認知上，就能豁然開朗。

4. 鹿橋〈幽谷〉這一篇小短文的主題，是花天使特別賦予一株小草有開花顏色選擇權，問題的焦點，要鎖定在當滿園子盛開繽紛的花朵，這一株獲得榮寵的小草，最後竟淪落成沒有綻開，就已經枯萎的小蓓蕾。

5. 根據命題要求，這一篇寫作分成兩部分：第一、先分別說明這兩則詩文所體會出的含意；第二、設想自己是一朵花，抒寫自己所期待的生命過程與生命結果。在題目「花開花謝」的命題中，務必要掌握住這兩大寫作內容。

6. 這一篇屬於「情意型」的寫作，引文材料有詩有文，除了要充分理解詩境與文意之外，措辭最好以富有美感的文學筆調進行寫作，這樣有加分作用，同時不會影響哲學性的思維與義理的探索。

●國寫這樣寫

1. 馬上審題

(1) 題目

依照大考中心第一次正式公布的國寫題型，這一題〈花開花謝〉最初的分類，是屬於「情意型」的國寫題，測驗目標的重點，在檢驗考生情意的感受抒發能力。所以從情意的抒發入手，是比較合適的選擇。

(2) 關鍵字詞

綜合引文材料的閱讀理解，這篇文章的關鍵字在「花」。沒有掌握到這個關鍵字，這篇文章就容易失焦，也容易寫得駁雜繁冗。〈辛夷塢〉一詩：「木末芙蓉花，山中發紅萼。澗戶寂無人，紛紛開且落。」王維寫的是「花」；〈幽谷〉一文，花天使賦予小草們黎明開花，說的還是「花」。

(3) 寫出詩文名稱

題目中雖沒有要求答題寫出詩文名稱，但是問題的題幹要求：「先分別說明對此兩則詩文所體會出的含意……」從寫作的技巧層面來看，寫出詩文名稱脈絡自然清楚，比較不會出現糾纏冗雜的毛病。

(4) **主題補充**

I. 王維〈辛夷塢〉：「木末芙蓉花，山中發紅萼。澗戶寂無人，紛紛開且落。」

i. 這是王維田園組詩《輞川集》二十首中的第十八首。這組詩全是五絕，猶如一幅幅精美的繪畫小品，從多方面描繪了輞川一帶的風物。作者善於從平凡事物中發現美，不僅以細緻筆墨寫出景物的鮮明形象，而且往往從景物中寫出一種環境氣氛和精神氣質。

ii. 「木末芙蓉花，山中發紅萼。」木末，指樹梢。辛夷花不同於梅花、桃花之類。它的花苞生於每一根枝條的最末端上，形如毛筆，所以用「木末」二字十分準確。「芙蓉花」，即指辛夷，辛夷含苞待放時，很像荷花箭，花瓣和顏色也近似荷花。裴迪《輞川集》和（音賀）詩有「況有辛夷花，色與芙蓉亂」的句子，可用來做為注腳。

iii. 詩的前兩句著重寫花的「發」。當春天來到人間，辛夷在生命力的催動下，欣欣然綻開神祕的蓓蕾，是那樣燦爛，好像雲蒸霞蔚，顯示出一派春光。詩的後兩句寫花的「落」。這山中的紅萼，點綴著寂寞的澗戶，隨著時間的推移，最後紛紛揚揚地向人間撒下片片落花，了結一年的花期。短短四句詩，在描繪了辛夷花美好形象的同時，也寫出了一種落寞的景況和情境。

II. 鹿橋〈幽谷〉

這一段文字從「一位旅人走到幽谷，晚上他在閃爍的星空下微笑睡著」寫起，而後旅人醒來，聽到小草們興奮地談著會被花天使賦予什麼顏色。對比出花天使賦予一株有自主權的小草，她享有愛什麼顏色，就開什麼顏色的選擇權。一般小草們欣喜於花天使對自己顏色的賦予，可是擁有選擇權的那一株小草，卻患得患失，猶豫不決，最後開不成花就枯萎了。

2. 馬上立意構思

「花開花謝」這一題，引文選錄一詩一文入題，做為答題的基本閱讀材料。這種「從閱讀到寫作」的國寫典型模式，在發展步驟上，考生必須先完成閱讀理解，然後根據這篇材料進行判讀，最後再根據命題的要求進行寫作。

盛唐詩人王維〈辛夷塢〉一詩和近人鹿橋〈幽谷〉一文，這兩則材料都以「花」入題，「花」只是象徵，這兩位一古一今的作者，寫「花」都有創作意圖，不是表面的「拈花惹草」，寫寫景、寫寫物而已。

考生閱讀完這兩篇穿越時空的組合，必須進一步歸納出所蘊含的旨趣，簡單說就是要好好體悟，領略這一詩一文的「言外之意」。

「花」只是詩人文人創作的媒介，究竟象徵什麼？想表達什麼樣的「情感」或「哲理」？也就是說，兩位作家透過「花」想說些什麼？考生們讀出來了嗎？這兩則詩文的主旨意趣，考生們充分掌握了嗎？

我們就從原作試著揣摩這兩篇可能蘊含的各種旨趣：

(1) **王維〈辛夷塢〉：「木末芙蓉花，山中發紅萼；澗戶寂無人，紛紛開且落。」**

I. 且看花開花落，花自飄零花自落

一般而言，只要是樹只要是草，都要開一回。山間每一朵花都是獨特的自己，花的一生貴乎精采，不貴乎長短。

名花有名花的風采，野花有野花的優雅，辛夷花在無人的澗戶中兀自綻開飄落，自我瀟灑的盛開一回，美給自己看。自在是花的自得，芸芸眾生，我們如何觀自在呢？我們有沒有住在自己美麗的心裡頭呢？

II. **本來花開花又落，花紅花落由自然**

每次花開，一日即謝，此起彼落的先後綻放；姹紫嫣紅色彩繽紛，成就了滿山的花色，花成就了自然之美，還在乎開給誰看嗎？

花滿山，山滿花，花忘了自己是花，自然也忘了花。自自然然，花開花落，物物偕忘。在沒有庸俗干預，在沒有名利煩擾的山林人間，如果花的美代表自然的美，花紅花落本來就是花的一生，無須問因緣，只是紛紛開且落。

III. **花紅滿山無人知，浮沉一生無知己**

花紅盛開，花蕊總要美一次；紅塵人間，情似香華傲人間。多少花開滿山，多少落紅無數；多少功名利祿，多少懷才不遇。花且不語，人何必惹傷心；花漾依然香消玉殞，縱然無人相知相惜，也要像花的開落，無怨無尤，自在凋零，完成生命最美麗的昇華。自然界花紅滿身，不在乎人知也不知；人間界也許終究無人陶醉欣賞，孤芳自賞又何妨呢？花是開給自己看，還是開給別人看呢？人是為自己活，還是為別人活呢？

(2) **鹿橋《人子》中的〈幽谷〉，傳達了什麼旨趣？**

「花開花謝」原命題的一段文字，要求考生「先分別說明對此二則詩文所體會出的含意」，並沒有指定要求考生寫出正確答案；更何況鹿橋《人子》這本書，充滿了人生哲理，作者善用象徵的手法寫作。深者見其深，淺者見其淺，樂觀的見其樂觀，智慧的見其智慧，含蓄的見其含蓄之美，豪壯的見其豪壯之志。

所以閱讀這兩則詩文，考生當以個人「體會」為先，鑑賞是第二度的創作，考生不要被標準答案困住了。以自己的思考模式，在合理而不偏頗的條件下，好好建構體會，一定會有好的立論點。

原本應該開出最亮麗花朵的花蕾，最後為什麼擎著一個沒有顏色、尚未開花就已經枯萎的小蓓蕾呢？這是閱讀這段短文後，所要面對的理解、判讀，最終要在立意構思下建立核心主旨。以下提供幾個思考點，讓考生腦力激盪，希望在這個創意思考的根苗下，能引起考生最大的激發與突破！

I. 因為她一心求好，想不出想要開的顏色而枯萎。

II. 因為她來不及決定想要的顏色，拖延時光而枯萎。

III. 因為她猶豫不決，斷送了最美的機會，含恨而枯萎。

IV. 因為她為了成就所有花蕾之美，所以選擇成全而枯萎。

V. 因為她自認已經完美而獨一無二，所以選擇放棄而枯萎。

VI. 因為她希望自在自得，不想依附他人，所以選擇拒絕而枯萎。

3. 馬上選材

(1) 王維〈辛夷塢〉那一朵花

I. 從「順應自然規律」來解讀這一朵花

辛夷花開放在枝頭，像芙蓉一樣美麗，卻在山澗旁靜悄悄地隨春光而憔悴，無人留賞。全詩寫花開花落的過程，似乎未經提煉，隨意而為，然而詩人卻以平實的筆觸，烘染出了辛夷塢春景幽靜而又寂寞的情調，令人產生「年年歲歲花相似」的聯想，芳華凋零，美人遲暮，直教人感嘆。這生長在靜寂無人之山澗的辛夷花，其存在完全依循自然的律動，開落生死，都順應自然的本性，既無綻放的歡樂，也沒有凋謝的悲哀。

II. 從「孤獨的安頓」來解讀這一朵花

人最害怕的是孤獨，孤獨不只是沒有同伴，更是心靈上的無人理解。古時候隱者總是棲隱在杳無人煙的深山，傲嘯山林，與古松煙霞為伴。就像王維〈辛夷塢〉一詩：「木末芙蓉花，山中發紅蕚。澗戶寂無人，紛紛開且落。」一般全然的孤獨。做為紅塵中芸芸眾生的我們，大多無法不食人間煙火、脫離社會而生。我們害怕孤獨，但矛盾的是，人的本質上是孤獨的，人只有自己才和自己不可分，其他大多是聚散無常。在孤獨中，人們經常覺得好苦；在無助的時候，常常感覺無人可以分享、傾訴、欣賞。

自古聖賢多寂寞。狂歡，是一群人的孤獨；孤獨，是一個人的盛宴。在被世俗遺棄之下，也有孤獨的勝利者。面壁十載的達摩祖師，囚於羑里推演周易的西伯昌……還有太多遭遇貶謫的文學家，他們都忍受孤獨與寂寞，最後流傳千古。

III. 從「我自清心逍遙」來解讀這一朵花

王維詩中芙蓉花（辛夷花）的美是必然的，綻放也是必然的，無人知曉更是必然的。正如我們，寂靜中來去，不求有人問津，只要我們能堅持，綻放在最美的年華，即使最後結局只是黯然凋零，也不後悔。因為我們曾努力過，我們都曾在夢想之光照耀下盛開。「木末芙蓉花，山中發紅萼。」任爾紅似火，那是別人家的輝煌，我自清心；「澗戶寂無人，紛紛開且落。」任我繁華，這是我走出來的美麗，我自逍遙。

IV. 從「辛夷花美的境界」來解讀這一朵花

i. 第一層境界是絕世的美

在那樣一處沒有汙染的山谷中，辛夷花離塵的美發出灼灼的紅。

ii. 第二層境界是淳樸自然

辛夷花毫無矯揉造作之態，或許哪個枝椏旁逸斜出，或許哪朵花瓣重疊卷曲，絲毫不影響它的嫵媚，美得自然淳樸。

iii. 第三層境界是遺世獨立

隨著王維〈辛夷塢〉帷幕的拉開，我們看到辛夷花盡情地旋轉、跳躍。如果我們不來，怎麼知道發紅萼？怎麼知道澗戶無人？怎麼知道它紛紛開落，四季更迭？王維帶給我們穿透靈魂的美！

V. 從「空」、「無」來解讀這一朵花

蘇東坡評論王維：「詩中有畫，畫中有詩。」王維是自然派詩人，素材多取自田園山水。而且王維又有「詩佛」的稱譽，是虔誠的佛教徒，如果從這個角度來解讀〈辛夷塢〉，這首詩是講修行境界，從觀照自然界的花開花落，從心領悟進入佛境。因此，這首詩呈現一種「空」、「無」的境界。

詩中的辛夷花、紅萼、山、澗戶、人，都是說明我們的內心；我們的覺性，像花開，像花謝；我們的德性，在山中的陋室裡，寂靜無聲，默默開花。

花，在佛教中潔淨不染，花象徵我們原來無染的覺性。山，是指靈山，有謂「佛在靈山莫遠求，靈山只在汝心頭」。紅萼，是說覺性已開的心。澗戶，是說山澗邊的陋室。這首詩的澗戶是說，覺性的心。人，是指內心無常的小人或念頭，我們內心常常有小人在騷動不安；「澗戶寂無人」是說，我們的德性中完全沒有騷動的小人，自性完全無染。開落，這是自然界的現象，要讓念頭落了，覺性才會開花。

(2)

鹿橋〈幽谷〉那一朵花（補遺）

生命有無限的可能性，生命的花朵要綻放什麼樣的色調，可以自由調理；可是同時生命卻是那麼短暫，人生似乎總有那麼多的遺憾與悲傷！

幽谷裡所有的小草要開什麼顏色的花朵，都由花使們來傳送訊息。但有一株獨特的小草，在花期到了的時候，被花使選中，在一年裡，只有她可以自己選擇愛什麼顏色、就開什麼顏色的花。一棵小草一生只有一個花期，只有一次開花的機會。當太陽在山頭升起的那一刻，就要立刻綻放。

所有的花草都準備好了，只要金黃色的陽光一向她們射下來，她們就呈現出豔美的顏色，幽谷裡就充滿了歡笑。這一棵小草獨自還在苦思，她也知道時候這就要到了，她知道陽光追逐起黑影時跑得多快，一剎那，就從幽谷這頭跑到那頭。她決定好了一個顏色，就又責備自己未盡最大的力量，沒有把整個時間充分利用。但是時間太緊迫了，她不能太冒險，於是把那個心愛的顏色又溫習了一遍。好在最後仍沒有想出一個最理想的顏色時，在其中選一個也就保險了。

太陽猛地在東邊山頭上升起來了，這東山的陰影馬上自幽谷西面的山腰滑下來。山腳的花就先開。歡笑的聲音同鮮花的顏色一樣明亮。陰影清楚地在地面掠過，比閃電還要快。空氣裡充滿了花香，充滿了溫暖。

在幽谷裡休憩的旅客睡足了，心上十分喜悅，賞不盡這幽谷美景。但在這千千萬萬應時盛開的叢花裡，他看到一株美好的枝梗，擎著一個沒有顏色、沒有開放，可是就已經枯萎了的小蓓蕾。

4. 馬上布局

(1) 以「花」字起筆，說花的曼妙，說花的優雅，說花的開與花的謝。人生似花，也有和萬物一樣的生老病死。花開花落，是一種自然現象，也是一種神聖的完成。分別就引文中的兩則詩文，解讀其中所蘊含的旨趣。

(2) 第一篇王維〈辛夷塢〉：「木末芙蓉花，山中發紅萼。澗戶寂無人，紛紛開且落。」你認為王維對辛夷花抱持什麼樣的印象？

(3) 第二篇鹿橋〈幽谷〉一文，你是怎麼看待擎著一個沒有顏色，得天獨厚，但是尚未開放就已經枯萎的小蓓蕾？

(4)「設想如果自己是一朵花，會希望有什麼樣的生命過程與生命結果」，可以從兩則詩文的認知與體會中，寫花開花謝，寫人生苦短，寫人生的美麗與輝煌，寫人生苦澀的真滋味。

(5)進一步闡述生命的追尋。每一個人都有自己的人生，自己的人生自己走，期待怎麼彩繪屬於自己的人生。自我生命的價值與超越，要像花一樣，不怕慢只怕站著不走，不怕短只怕不及時。

(6)結語。

◉實戰3

語文表達能力測驗這樣寫

89年試辦試題

一、翻譯

翻譯是一種很好的語文訓練，不僅可以測度譯者對原文理解感受的程度，也可以檢驗譯者處理文字的能力。下面是岑參〈題三會寺倉頡造字臺〉一詩，請仔細閱讀、推敲，將其譯成白話，以詩歌形式或散文形式作答，均無不可。

提示：注意參考原詩題目。翻譯時綜合把握全詩的情境、旨意，不必然採取逐字逐句的翻譯方式。所譯宜講求文字的精緻與文氣的流暢。

岑參〈題三會寺倉頡造字臺〉

野寺荒臺晚，寒天古木悲。空階有鳥跡，猶似造書時。

二、文章整理

張家兩姐妹剛從高加索旅遊回來，以下是她們與親友分享旅遊經驗的閒談內容。請根據所談，重新整理成一篇描述高加索三國歷史大要的文章，文長兩百字左右。

「什麼？高加索在什麼地方？飛機怎麼飛啊？」

「從香港轉機到莫斯科，再轉機往南飛兩小時多，飛過高加索山，到喬治亞首都弗利司。位子小、食物差、空氣不好，暈機暈得好厲害哦！」

「幹嘛北上莫斯科，又再南下？神經啊！」

「蘇聯時代，高加索三國都是蘇聯的加盟共和國，所以從莫斯科飛算是國內，現在也很少有從其他地方直飛去的。」

「這些國家有些什麼可看的啊？」

「亞美尼亞到處都是光禿禿的山，少數山谷還好。首都亞里溫的建築用的都是粉紅色火成岩，所以號稱玫瑰之城。」……

「聽說亞美尼亞是基督教國家？」

「沒錯，亞美尼亞是古老，在西元三〇一年成為歷史上第一個基督教國家。它的僑民散居世界，很多地方都建有亞美尼亞教堂。喬治亞也是古老國家，不久也成為基督教國家。不過後來卻出了一個無神論的史達林，現在宗教氣氛很淡。只有亞塞拜然是回教國家，它的人民來自中亞，和土耳其一樣帶有突厥的血統。」

「三個國家中是不是亞塞拜然最窮？」

「哪裡！它最富有，因為產石油，平原也多，農產豐富。另外，它靠裡海，產魚，魚子醬很有名。」

「我記得伊朗好像也有個地方叫亞塞拜然？」

「不錯，亞塞拜然人本來占有的地方較大，但伊朗強，就把南半部占去了。亞美尼亞本來也很大，大部分在現在的土耳其境內，現在只剩下十分之一大。十九世紀初，高加索三國南有伊朗，西有土耳其，北有俄國，都是強鄰，最後三國都被俄國併吞掉。不過現在總算獨立了。」

「這些國家離開蘇聯後是不是欣欣向榮呢？」

「才不呢！譬如以前亞塞拜然的石油和亞美尼亞的工藝品可互通有無；現在兩國卻連交通都不通了。從共產體制到資本體制，他們都還在摸索之中，離欣欣向榮還有一大段路要走呢！」

●這一題寫不好的病灶在哪裡？

關於「翻譯」和「文章整理」這兩題，第一題要求考生針對岑參〈題三會寺倉頡造字臺〉翻譯成白話文；第二題要求考生針對所提供的材料，重新整理成一篇描述高加索三國歷史大要的文章。這兩題屬於語文表達力，是實用型的寫作，重點在語文精準運用的能力。大致有以下幾點值得警惕：

1. 「翻譯」這一題：很多考生面對翻譯題，一直手足無措，不知如何是好？這是一首詩歌，考生往往直接就表面詩句直譯，造成這篇翻譯文章流於割裂，支離破碎。
2. 考生普遍不太理解岑參這首〈題三會寺倉頡造字臺〉詩意，容易誤判詩旨。
3. 「不必然採取逐字逐句的翻譯方式」，「不必然」這三字意思是「不一定要」，整體意思是說明：不一定要採取逐字逐句的翻譯模式，考生並不完全理解。
4. 「張家兩姐妹剛從高加索旅遊回來，以下是她們與親友分享旅遊經驗的閒談內容。請根據所談，重新整理成一篇描述高加索三國歷史大要的文章，文長兩百字左右。」這一大段文字的重點是：「文章整理」，要求考生重新整理成一篇描述高加索三國歷史大要的文章。問題出在哪裡？很多考生並不知道，要如何精準的從對話中找出「高加索三國歷史大要」？

5. 考生沒有具備語表的概括能力，也沒有組織材料的能力，寫得雜亂零碎。

6. 原引文張家兩姐妹談話所涉及的內容有地理、文化、歷史、物產、交通等多方面的素材，這一題要問的是歷史部分。精準度沒掌握好，考生往往剪裁不精，夾雜其他材料。

●提供考生的寫作建議

這一份大考作文試辨試題的測驗，是民國八十九年由大考中心命題、閱卷，全臺高中在校生自由（自費）參加的寫作測驗。測驗名稱當時定名為「語文表達能力測驗」，是從民國八十三年學測第一年施測到民國八十八年，整整六年後，大考中心推出的示範標準題。

這份考題總共有三題，這是大考中心針對學測國文考科的非選擇題，第一次提出具體的題數規範。第一題與第二題檢驗語文表達力，第三題是檢驗文學表達力。測驗的目的，是想要實際了解教師與學生適應的狀況與成果，並且檢覈準考生的綜合寫作能力，做為作文成為獨立考科的準備。

1. 「翻譯」這一題，關鍵句在「綜合把握全詩的情境、旨意，不必然採取逐字逐句的翻譯方式」，重點在「不必然採取逐字逐句的翻譯方式」；考生要了解這是詩歌翻譯，不是古文翻譯。

古文翻譯成語體文（白話文），必然採取逐字逐句的對譯，但是詩歌翻譯則不同，必須綜合把握全詩的情境、旨意，所譯宜講求文字的精緻與文氣的流暢。詩歌要掌握全詩的旨趣，有銜接與補足詩意的必要性。

2. 岑參〈題三會寺倉頡造字臺〉：「野寺荒臺晚，寒天古木悲。空階有鳥跡，猶似造書時。」我們讀這一首詩，馬上可以理解，詩歌是高度凝鍊的文字，它句法整齊、平仄相對、還有押韻的要求。整體而言，詩句限制性高，翻譯難度自然也特別高。考生要充分了解詩歌的意象豐富、意內言外、詩境延伸等等考量，思考周全，再來做適當、適切的翻譯。

3. 第二題「文章整理」，張家兩姐妹高加索旅遊回來，與親友分享旅遊經驗的閒談內容，這是材料的背景元素，涉及的話題很多，要求重新整理成一篇描述高加索三國歷史大要的文章。

「重新整理」不是全部整理，是根據對話中高加索三國歷史的大要，「化零為整」，整理出命題所要求的內容。

4. 提供參考文章整理的具體方法。

(1) **第一步**：一邊閱讀，一邊歸納。把對話中的內容分類，做鮮明的區分。或者直接在閱讀理解的過程中，就精準截取命題指定中的主題——高加索三國歷史。

(2) **第二步**：就選定的材料謹慎確認，是不是都在「歷史」的範疇之內。

(3) **第三步**：將材料安排組織，去蕪存菁，依照要求寫一篇兩百字以內的短文。

5. 必須根據這一份張家兩姐妹高加索旅遊回來，與親友分享旅遊經驗的閒談內容。不要畫蛇添足，刻意額外增加高加索三國歷史以外的其他材料，這樣就離題了。

●國寫這樣寫

在學測的年代，非選擇題分成三題，第一題與第二題相當於國寫題的「知性型寫作」，屬於語文表達能力的範疇；第三題相當於國寫題的「情意型寫作」。第一題與第二題的配分，等於第三題的配分；猶如知性型寫作與情意型寫作分別為兩大題，配分各占一半。

1. 馬上審題

(1) **第一題題目：翻譯**

岑參〈題三會寺倉頡造字臺〉：「野寺荒臺晚，寒天古木悲。空階有鳥跡，猶似造書時。」是指定翻譯的材料，翻譯要求精準，這是檢驗考生文字轉換的能力。這一題可以算是「知性型」的短文寫作，屬於實用型的語文表達力，這種寫作要客觀、要精準、要條理、要周密、要完整，不卑不亢，不要刻意添枝加葉。

(2) **第二題題目：文章整理**

這是張家兩姐妹從高加索旅遊回來，與親友分享旅遊經驗的閒談內容。這個閒談，其實就是平常的對話，「語言表達」和「文字表達」的方式不同，本題正是考驗考生閱讀材料的整理功夫。要求針對高加索三國歷史大要進行整理，這是指定的限制性寫作，考生不可以離開這個材料的範圍。

(3) **第一題關鍵字詞：翻譯**

如果考生採取一般性的理解或習慣，根據學習古文的經驗，邊讀原文邊看語譯，對詩歌也是採取同樣的方式「直接對譯」，往往就容易造成割裂不順、銜接不當，詩境完全走樣、走味的下場。關鍵句：「翻譯時綜合把握全詩的情境、旨意，不必然採取逐字逐句的翻譯方式。」這一段文字中，提示了兩個要點：

I. 「翻譯時綜合把握全詩的情境、旨意」，告訴考生進行翻譯之前，必須先要考慮好「詩境與旨趣」，然後再進行翻譯。

II.「不必然採取逐字逐句的翻譯方式」，「不必然」這個詞有點怪，不必就是不一定，本來詩歌就不能採取直接對譯的手法，當年翻譯題中，「不必然」這三個字一定讓考生猶豫、困擾很久。

(4) **第二題關鍵字詞：文章整理**

命題文字中的「重新整理」與「歷史大要」，是第二題的關鍵字詞。在閱讀這一篇向親友分享旅遊經驗的對話中，考生要馬上敏銳的理解，這是一篇文章整理，而且是「重新」整理。

重新整理的目的，在要求考生針對高加索旅遊的閒談對話，精準的整理出原命題所指定要求的歷史部分。這個歷史材料，不需要外求，也不需要增加，就根據考生所閱讀，關於張家兩姐妹的閒談內容做完整的整理就好。

(5) **寫作字數**

第一題並沒有限制字數，大約在一百至一百五十之間。第二題有字數限制，這一篇對話總共有六百七十五字，要求考生以兩百字，重新整理成一篇描述高加索三國歷史大要的文章。

這篇短文寫作，只要兩百字就好。要把握上下限大約正負十％的數字，也就是一百八十至兩百二十之間。

2. 馬上立意構思

八十九年語文表達能力測驗，是為配合學科能力測驗與九十年指定科目考試這兩階段考試能夠順利同時實施，特別舉辦了這個讓考生自由參加的試辦試卷模擬考。後來，大考中心整體評審的結果，國文考科的成績曲線很漂亮；可惜英文考科臨時加入的英文寫作測驗，考生表現不盡理想。

八十九年以前國文考科分成選擇題與非選擇題，大考中心原本想要把作文獨立成一個考科，可惜英文考科試驗失敗，國文考科分成兩科的構想就無疾而終了。直到一〇七年總算分成兩科，整整拖了十八年。

八十九年語表第一題是檢驗「基本句子」的組織與表達能力，字數約在一百至一百五十左右。語表第二題是檢驗「段落」的組織與表達能力，字數約在一百八十至兩百二十之間。這兩題都是屬於「語文表達能力」，是與人生、社會結合的實用性寫作。以現在國寫的分類來看，相當於知性型的寫作。

(1) 第一題：翻譯

I. 本題旨在檢驗理解作品與寫作的能力，首重文意翻譯的正確性，其次則考量翻譯文字的流暢性；至於翻譯文字是否具有文采，因衡量考生實際作答情況，大考中心並未特別強調。換句話說，本題主要是以「信、達、雅」為評分要項。

II. 「翻譯是一種很好的語文訓練，不僅可以測度譯者對原文理解感受的程度，也可以檢驗譯者處理文字的能力。」這三長句的引導文字，可以當作是檢驗考生翻譯能力的大方向。歸納兩點：第一、理解感受力；第二、文字處理力。在立意構思上，有很好的引領性。考生要抓緊重點，進行建立意旨、構想思考的目標。

III. 第一題岑參〈題三會寺倉頡造字臺〉一詩，「仔細閱讀、推敲，將其譯成白話，以詩歌形式或散文形式作答，均無不可。」以上文字是命題的說明與要求。從立意構思的角度而言，建議考生以散文形式進行寫作比較順手，也比較不會出岔。有少部分考生，自忖寫作才情甚佳，逕以詩歌形式作答，最後，很多考生竟然普遍獲得偏低的分數，提供考生參考。

(2) **第二題：文章整理**

I. 本題「文章整理」，形式上屬於「文章縮寫」與「全文摘要」的混合體。

II. 文中將歷史資訊與旅遊、地理、物產以及私人感受混合陳述，所以要先標示出哪些部分屬於有用的歷史資訊。

III. 將文中的疑問句改為直述句，先描述三國共同的歷史背景，再由以下敘述方式擇一來表現文章的層次：

i. 依序簡述高加索三國歷史大要。

ii. 依高加索三國分條敘述。

IV. 不可增加題目未給的資料。字數限定在兩百字之內，注意文字量的掌握。

3. 馬上選材

文章整理的作用是什麼？為什麼要考文章整理？怎麼善用「語文」表達？這無非都是語文表達能力的覺醒；寫作不是只有文學性的寫作，還有語文實用性的普世價值。

民國八十二年大考中心從長期研發的題庫中，由十五人小組制定一份標準卷，開啟了民國八十三年的學測，這是國文考科在大學入學考試的傳統體制中，一次重大的變革。作文改革最初也是最簡單的出發點，就是大考中心根據專業的學者專家長期研究的結論，做出重大改革。大考中心發現，多數高中生在高等教育的論文寫作上，沒有扎實的語文表達能力。

這樣的結果來自於傳統填鴨式的考試制度，讓中小學生沒有養成好的閱讀習慣、沒有成熟的判讀力、沒有具備資料整合力、沒有周密完整的議論力。因此，透過考試領導教學的客觀認知，由上而下，展開國語文教育改革。大考中心透過大學學測語文表達能力測驗，明確要求考生必須體會與具備：語文的普遍性、語文的實用性、語文的理解力、語文的判讀力、語文的歸納力、語文的分析力、語文的精準度、語文的周密度……就應運而生了。

(1)第一題：翻譯

「岑參〈題三會寺倉頡造字臺〉：『野寺荒臺晚，寒天古木悲。空階有鳥跡，猶似造書時。』」

這短短二十字的絕句，詩句的密度很高。如果考生直接就詩句表面翻譯，很難做到銜接流利的詩意。誠如提示所說：翻譯要考慮原詩題目的訊息，可以適度嵌入詩境的世界。「翻譯時綜合把握全詩的情境、旨意」，其實已經很明白提示考生，逐字逐句的翻譯，不是最妥當的文字轉換。所以翻譯宜講求文字的精緻與文氣的流暢，真正消化詩情詩意，完全掌握詩歌的旨趣，才是最好的翻譯考量。

建議考生要面面俱到的理解這首詩，翻譯時，對於這一首詩要抓穩重點、要有韻有味，將詩的情懷與作者的感受，做最完美的結合。

以下提供四個提點：

I. 前兩句的句法一致，「野寺」、「荒臺」、「寒天」、「古木」這四組都是名詞，具體的描敘，要鮮明的呈現。

II. 「野」、「荒」、「寒」、「古」所營造的氛圍，都有「老」的意象；「晚」、「悲」有壓抑不住的悽愴。提醒考生：這是進行翻譯時必須先有的領會。

III. 「空階有鳥跡，猶似造書時」，發思古之幽情，頗有「獨愴然而涕下」的心境。

IV. 岑參〈題三會寺倉頡造字臺〉中，「三會寺」、「倉頡」、「造字臺」，都應該和詩情詩意相連結，這篇翻譯才會豐富飽滿。

(2) **第二題：文章整理**

考生根據原提供材料怎麼做文章整理？茲就本題，略做選材引導。

命題要求：「張家兩姐妹剛從高加索旅遊回來，以下是她們與親友分享旅遊經驗的閒談內容。請根據所談，重新整理成一篇描述高加索三國歷史大要的文章。」

I. 三個步驟

i. 在第一遍閱讀材料時，先在讀到有關「高加索三國歷史」材料時馬上劃記號。

ii. 整理零碎的三國歷史資料，做去蕪存菁的功夫。

iii. 決定材料的組織與連綴，由大而小，由概括而精細。

II. 兩個注意

i. 字數只有兩百字，必須簡潔、扼要、精準、周延、完整。

ii. 切勿引用名言佳句，鎖定原材料進行最合理的整理就好。

III. 選材要嚴

以下是從張家兩姐妹與親友分享高加索旅遊經驗的閒談內容中，找出條列材料。這是進行寫作之前的「選材」。

i. 高加索三國為亞美尼亞、喬治亞、亞塞拜然三國，四周有俄國、伊朗、土耳其等強鄰圍繞。

ii. 亞美尼亞有「玫瑰之城」之稱，首都建築用粉紅色火成岩建造而有此稱號。

iii. 亞美尼亞是歷史上第一個基督教國家。

iv. 喬治亞原也為基督教國家，但後來卻出現了無神論的史達林，因此現在宗教氣氛很淡。

v. 亞塞拜然有突厥血統，為一回教國家，原本亞美尼亞與亞塞拜然皆擁有大片領土，但分別為俄國與伊朗占據，領土大幅減少。

vi. 高加索三國同屬蘇聯的加盟共和國，但三國在脫離之後，原有的互通有無破滅，交通也受阻礙，從共產體制到資本體制，高加索三國的未來還很艱辛！

4. 馬上寫作

(1) 第一題：翻譯

由於是詩歌翻譯，選材部分其實沒得選，我們分別以兩個例子，做為選材的思考，要如何落實「翻譯」的責任才是大功夫！

「岑參〈題三會寺倉頡造字臺〉：『野寺荒臺晚，寒天古木悲。空階有鳥跡，猶似造書時。』」

【參考寫作】

I. 直接就字面直譯

i. 第一式（比較好的直譯）

傍晚時分，來到這荒山野地，登上這廟宇的古臺，天氣寒冷，千年古木發出的聲音，猶如在冷風中悲悽低鳴。三會寺的空階上有鳥兒的足跡留下，如同當年造字的時候一樣。

ii. 第二式（更好一點的翻譯）

位居野地的三會寺與日漸荒涼的倉頡造字臺，逐漸幽暗的夜色互相應和；寒風刺骨的天氣與長年佇立於此的大樹，更增添了憂傷淒涼的氣氛。空無一人的臺階上，依稀可見鳥兒留下的足跡，不禁令人聯想當年倉頡造字的那番情景。

對考生的建議：綜合把握全詩的情境、旨意；在「不做逐字逐句翻譯方式」的條件下，講求文字的精緻與文氣的流暢。

II. 散文形式

在郊野的林中，有座荒廢的三會寺，寺前的平臺早已被野草湮沒。我造訪此地，已是向晚時分，天色暝暗，只見寒肅的天空，守候著孤挺的古木。那斑駁的空階，冰冷兀立，只有不知愁的鳥兒滯留行跡。遙想當年，因著鳥跡引發倉頡創字的靈感，想望其內心的悦樂；而今，造字臺留痕的鳥跡，依稀可見，卻不見歸巢的鳥兒，一股哀情，從我心中汩汩而來。

III. 詩歌形式

向晚

老廟靜坐頂天　荒徑　蜿蜒

寒風

裸黃參天古木 天聲 飲泣

空階

蒼老腳印鋪陳 鳥跡 寫意

臺內

一陣玄音流轉 荒臺 啁啾

那老邁最淡遠的輕扣

是三會寺的絕響

(2)第二題：文章整理

【參考寫作一】

高加索三國曾是蘇聯的加盟共和國，與蘇聯皆有密切關係，但三國各有不同歷史背景。亞美尼亞是史上第一個基督教國家，今日其文化及人民仍遍布於世界；喬治亞原也為基督教國家，但經歷無神論的史達林統治後，便不再具有高度的宗教色彩；亞塞拜然則是擁有突厥血統的回教國家，曾國力堅強、地大物博，現今不但出產石油，更具有得天獨厚的地理條件：平原廣袤加上鄰近裡海，在農漁業皆有傲人發展。脫離蘇聯後，高加索三國不再如往昔般親密，卻正各自努力擺脫共產，奔向資本體系的懷抱。

【參考寫作二】

高加索三國為亞美尼亞、喬治亞、亞塞拜然，四周有俄國、伊朗、土耳其等強鄰圍繞。亞美尼亞首都建築用粉紅色火成岩建造，也稱「玫瑰之城」。亞美尼亞是史上第一個基督教國家；喬治亞原也為基督教國家，卻出現無神論的史達林，現在宗教氣氛很淡。亞塞拜然有突厥血統，為回教國家，原本亞美尼亞與亞塞拜然皆有大片領土，但分別為俄國與伊朗占據，領土銳減。高加索三國同屬蘇聯加盟共和國，脫離二十年後，互通有無破滅，交通受阻礙，從共產體制到資本體制，三國還有一大段路要走！

三、命題作文

所謂精采的文字，除了語言須錘鍊、技巧須講究外，其描繪具體事、物，則鮮明而生動；摹寫抽象情、思，則細膩而雋永；並且往往情景交融、互相烘托。下文選自楊牧《亭午之鷹》〈紐約日記〉，雖短短五百字，卻頗能符合這樣的標準，堪稱精緻動人。請仔細閱讀、品味，以「窗外」為題，另寫一篇文章，文長不限。

提示：(一)須點明「時間」與「空間」。

(二)須有具體的景象以及自己的興懷感悟。

(三)不可亦步亦趨模仿原文。

(四)所謂「窗」，可以是任何形式的窗，如天窗、車窗、教室的窗或監獄的鐵窗等等。

我把窗簾拉開，簾後還有一層帆布簾子。我隨手抽那繩索，布簾一抖向上衝去，眼前亮了，天光照了進來。

窗外正是中央公園。隆冬落盡葉子的樹林從腳下向遠處伸展，呈現一種介乎枯槁和黃金的光彩，在寂寂停頓中透露無窮生機。公園西東兩條大道的巨廈連綿起伏而去，俯視那片樹林。天空是灰中帶著微藍的顏色。早晨八點鐘，也許正逢上星期天，你會覺得紐約是死靜的，好像剛經過一場政變，悄悄然甚至還有點不安或恐怖，人們在屋裡等待觀望，不知道應該做什麼，不知道如何處理這一天整整一天的時間。

從十六樓向下望，路上幾乎就是空曠的。紅綠燈還照常閃動。對街有兩座銅像，都是騎者之姿，耀武揚威的樣子，發散著古舊的綠鬱，軍帽和馬蹄構成一種可笑的角度，頡頏均衡。那騎者的長刀下指，我集中精神朝那方向看去，刀尖下兩個男子圍著一個大鐵桶在跳動，桶裡生了一盆多煙的火，大概是昨天的晚報或早報，從垃圾箱裡撿來的。他們將報紙點上火，就站在鐵桶邊取暖，縮著脖子搓手，不時還跳著，並且說話，但我聽不見他們在說什麼。那火旺燃燒上片刻就弱了下來，他們輪流到街邊的垃圾箱裡去掏拿，一疊一疊報紙扔進桶裡，白煙突突冒升，在早晨冰寒的公園一角，銅像騎者的刀尖之下。

早起的鴿子零落地飛來。

鴿子又停在廣場上，毫無聲息。

●這一題寫不好的病灶在哪裡？

關於「命題作文」這一題，屬於文學表達力，內容是傳統型作文的寫作，形式上是仿作，重點在文章仿作的能力。本題大致有以下幾點值得警惕：

1. 題目是「命題作文」，考生會誤以為是平常在學校寫的作文，直接就題目寫〈窗外〉，沒有精確把握住寫作的限制與要求。
2. 有些考生面對〈窗外〉這篇限制性寫作，惶惶不安，最後選擇「亦步亦趨」的模仿寫作，不自在，也放不開。
3. 全文集中寫景的刻劃，沒有發揮「由景入情」的情愫，流於表面的描述。
4. 很多考生寫〈窗外〉，只敢如引文，局限在大樓的素材，無法掙脫標準答案的框架。
5. 很多考生在寫景寫人或寫物寫事，充分暴露自己描寫文字的貧弱。

●提供考生的寫作建議

這一題雖然命名為「命題作文」，實質上是「仿作」。真的不明白當時命題小組為什麼要以「命題作文」做為題型名稱？

命題作文，一般是指命題者出一個既定的題目，要求應試者根據這個唯一而確定的題目進行寫作，包含事件、人物、場景等要素。

但是，「窗外」這一題，命題者十分貼心，提醒考生寫作注意事項，這一篇的關鍵句就在這四個提示：

1. 須點明「時間」與「空間」

記敘的文字，離不開人、事、時、地、物，關於要求考生寫作時必須述及「時間」與「空間」，這一點提示其實說的就是：記敘文五大要素的「時」與「地」。提醒窗外的時間與地點，要自然載明。

2. 須有具體的景象以及自己的興懷感悟

所謂的「具體的景象」，指的是「人」、「事」、「物」。要求考生要有實體而具象的描寫窗外，要有鮮明的刻劃，讓人讀了有如身臨其境，如在眼前。

3. 不可亦步亦趨模仿原文

雖然形式上是「仿作」，原材料也提供了範例。這個提點讓細心的考生放了心，仿作不是形式上的按圖索驥，這篇文章寫作的重點，是要求考生結合記敘、描寫與抒情的寫作。

4. 這個窗，可以是任何形式的窗

這句提示就已經告訴考生，這個窗最好是具體的窗，所以，接下去所列舉的例子為：「如天窗、車窗、教室的窗或監獄的鐵窗等等」。寫成無形的窗，沒有規定不行，但總是與命題要求隔了一層。

●國寫這樣寫

民國八十九年的「語文表達能力測驗」其實就是從民國八十三年到一〇六年的「非選擇題」。一開始只有兩題，一直到民國九十一年才分成三題（民國九十一年大學學測題：圖表判讀、文章改寫、情境寫作）。本題「窗外」，類似國寫題的「情意型寫作」。

1. 馬上審題

(1) **題目**

「下文選自楊牧《亭午之鷹》〈紐約日記〉，雖短短五百字，卻頗能符合這樣的標準，堪稱精緻動人。請仔細閱讀、品味，以『窗外』為題，另寫一篇文章，文長不限。」「下文」就是原材料所提供的文字，約五百字。主題為「窗外」。這是選自楊牧《亭午之鷹》〈紐約日記〉的短文，做為指定題目「窗外」的一篇範例。

(2) **關鍵字詞**

以本題而言，關鍵字詞全都在「四個提示」中，考生要仔細閱讀，好好涵泳。

I. 須點明「時間」與「空間」。

II. 須有具體的景象以及自己的興懷感悟。

III. 不可亦步亦趨模仿原文。

IV. 所謂「窗」，可以是任何形式的窗，如天窗、車窗、教室的窗或監獄的鐵窗等等。

(3) **引文整理**

「所謂精采的文字，除了語言須鍾鍊、技巧須講究外，其描繪具體事、物，則鮮明而生動；摹寫抽象情、思，則細膩而雋永；並且往往情景交融、互相烘托。」這一段文字是為了替其後的提示做定義，簡單地說就是：「好文章必須記敘、描寫、抒情三者都能充分展現，物事情景相互烘托。」

(4) **寫作字數**

這一題並沒有要求固定字數，由於示範文字五百字，基於仿作和時間因素，建議考生大致落在五百字之間為宜。

(5) **仿作題目**

這一篇要求仿作的題目為「窗外」，考生宜以自然而曼妙的文字行文，文體則以自然而然地結合描寫、記敘和抒情三種文體，進行謀篇布局與實際寫作。

2. 馬上立意構思

語表第一題是檢驗「基本句子」的組織與表達能力，第二題是檢驗「段落」的組織與表達能力；那麼本題第三題，就是檢驗「完整篇章」的組織與表達能力，這三題都包括在「語文表達能力測驗」的範疇之中。可是這第三題屬於「文學表達力」，和第一小題與第二小題屬於「語文表達力」，是有區隔的。以現在國寫的分類來看，第一小題與第二小題相當於「知性型寫作」；本題第三題則屬於「情意型寫作」。

(1) 改良型的傳統聯考作文

本題是民國八十九年語文表達能力測驗第三題，寫作策略與手法上，屬於傳統大學聯考作文的性質；至於第一題「翻譯」與第二題「文章整理」，則屬於「語文實用型」的寫作。如果從命題作文（實際上應稱為仿作或文章仿寫）的命題形式上看，仿作（文章仿寫）的定義，形式上還是屬於語文實用型的題型。這是改良型的傳統聯考作文，結合了文學表達力的寫作，以及提供豐富情境、完整訊息的創意命題。

(2) 「語文表達能力測驗」包含兩個元素

「文學表達力的寫作」著重文學的、美感的、浪漫的，屬於情意型的寫作。至於「語文表達力的寫作」，著重實用的、精準的、整合的、歸納的、分析的，屬於知性型的寫作。這兩大類的寫法是不同的，考生必須徹底明白兩者的差異！

(3) **從具體寫實的「窗外」立意構思**

提示文字非常明確，很多考生錯把內心的窗、心靈的窗當作重點來寫，其實是不妥的。「可以是任何形式的窗」，這句話的意思是指看得到的形式的窗，不是抽象的窗、內心的窗或靈魂的窗，從該篇範文〈紐約日記〉的文章謀篇立意可以推知。當然如果一定要觸及到精神層次，建議進行寫作時，可以從「實質的窗」的記敘、抒情、描寫，巧妙地切入「抽象的窗」，這是可以嘗試的，描敘的篇幅不宜多，但是，要把握住其中的主從、輕重關係。

(4) **「窗外」怎麼立意？**

I. 引文是〈紐約日記〉一文中的片段。
II. 作者在早晨從高樓窗外往中央公園俯看。
III. 寫作安排包含記敘、描寫與抒情，三體合一。

(5) **「窗外」怎麼構思？**

如果以蓋房子來做比喻，「立意」就像是確定土地用途；「構思」就好比是建築師畫藍圖。「立意」是寫作主意，「構思」是進一步的細部設計。下面根據這一篇文體的謀篇安章，作個簡單分析：

I. 第一部分

i. 我把窗簾拉開，簾後還有一層帆布簾子。我隨手抽那繩索，布簾一抖向上衝去，眼前亮了，天光照了進來。（破題——記敘）

II. 第二部分

i. 窗外正是中央公園。（點題——記敘）

ii. 隆冬落盡葉子的樹林從腳下向遠處伸展，呈現一種介乎枯槁和黃金的光彩，在寂寂停頓中透露無窮生機。公園西東兩條大道的巨廈連綿起伏而去，俯視那片樹林。天空是灰中帶著微藍的顏色。（描敘兼用——寓情）

iii. 早晨八點鐘，也許正逢上星期天，你會覺得紐約是死靜的，好像剛經過一場政變，悄悄然甚至還有點不安或恐怖，人們在屋裡等待觀望，不知道應該做什麼，不知道如何處理這一天整整一天的時間。（記敘——寓情）

III. 第三部分

i. 從十六樓向下望，路上幾乎就是空曠的。紅綠燈還照常閃動。（記敘）

ii. 對街有兩座銅像，都是騎者之姿，耀武揚威的樣子，發散著古舊的綠鬱，軍帽

和馬蹄構成一種可笑的角度，頡頏均衡。（描寫——寫物）

iii. 那騎者的長刀下指，我集中精神朝那方向看去，刀尖下兩個男子圍著一個大鐵桶在跳動，桶裡生了一盆多煙的火，大概是昨天的晚報或早報，從垃圾箱裡撿來的。（描敘——概略描寫）

iv. 他們將報紙點上火，就站在鐵桶邊取暖，縮著脖子搓手，不時還跳著，並且說話，但我聽不見他們在說什麼。那火旺燃燒上片刻就弱了下來，他們輪流到街邊的垃圾箱裡去掏拿，一疊一疊報紙扔進桶裡，白煙突突冒升，在早晨冰寒的公園一角，銅像騎者的刀尖之下。（描敘——場面描寫——由事入情）

IV. 第四部分

早起的鴿子零落地飛來。（描寫——寓情）

(6) **本題應該正名為「文章仿寫」**

依照命題要求，本文屬於文章仿寫，簡稱仿作。文章仿寫是在檢測考生是否具備仿寫好文章的語文表達能力。

文章仿寫是寫作的基礎練習。仿寫的特性是提供作品的範例，讓考生進行仿寫，並要求考生在仿寫的形式上或內容上，都能達到「形似」或「神似」的語文訓練。

在初學者的文章創作經驗中，經常有一籌莫展的窘境。文章仿寫就提供了有「章」可循，有「法」可依，進而找到文章創作的門徑，這是文章仿寫的最大作用。

但是文章仿寫並不是最終的目的，仿寫是創作的基礎。因此，仿寫可以說是創作的第一步。「仿作」，就是讓學生從「文不成章」、「詩不成歌」進入創作裕如的過渡訓練。這一點是要先確知的。

文章仿寫最忌呆板，亦步亦趨的套路形式，無法進入寫作的妙境。文章仿寫在把握形式的要求下，內容的表現要有深度，有深度才能發人深省。

3. 馬上選材布局

茲以提示中「可以是任何形式的窗」的「窗外」為思維，例如：外婆家的木窗外、火車窗外、教室窗外等。提供考生選材布局的參考，請考生找自己最熟悉的素材，營造屬於自己的「最感人的窗外」，選材自己選，布局自己布。

【參考選材布局二】

外婆家的木窗外

每次到外婆家，我最喜歡趴在閣樓的木頭窗上，這是外公親自打造的木窗。這扇窗沒有玻璃，由幾片楠木板拼湊而成，打開窗子後，由一根圓形長條木棍頂著，看出去就是一幅空山圖，一動也不動，只有白鷺鷥緩緩飛起飛落，才感覺這座山是活的……

外公已過世多年，這裡曾經有一段難忘的童年歲月……

木頭經過風吹雨淋日曬，已顯老態，媽媽常常建議換個鋁門窗戶，比較結實，也不怕颱風暴雨……

外婆總說：「木窗拆了，我就想不到你爸了。就看不到窗外你爸下田的樣子……」

【參考選材布局二】

火車窗外

每次回家，不走雪隧。我都搭火車，而且是搭區間車，這種車每站都停，以前叫普通車，父親管它叫慢車。父親節儉，搭慢車是為了省錢。小時候我也喜歡搭慢車，不為別的，是可以在車上吃便當，每一站都有不同風味的便當，每到一個站，我特別喜歡把頭伸出窗外，嗅一嗅便當味兒，挑不同的車站買便當，是我最大的期待……

跟父親同行，還有一樂，父親會一站一站的講故事給我聽，礁溪、頭城、龜山島、福隆、貢仔寮、三貂嶺……

父親辭世多年，時不時我還是喜歡搭這種區間車回家，很多故事留在我的記憶裡，我都整理好了，將來再講給兒孫們聽……「步步輕嗆……步步輕嗆……」

屬於宜蘭人特有的民謠〈丟丟銅仔〉，父親始終沒唱過。我得練練，當火車過山洞時，穿入黑腸，望著窗外烏漆抹黑時，這時候來一曲輕唱〈丟丟銅仔〉，是其樂無窮地。看著窗外，對著一洞一洞的黑，唱一首〈丟丟銅仔〉，邊哼邊竊笑，只有宜蘭人懂……

【參考選材布局三】

教室窗外

蟬鳴——是不收費的天籟，這種大聲大音經常是夏天的公益演唱會。有如千軍萬馬大合唱，鳴愛鳴情，不害臊的卿卿我我，在我們看不到的夏蔭深處，蟬轟轟烈烈地鳴。唱牠們一段又一段思想起……

考試考試考試……一回又一回；讀書讀書讀書，一遍又一遍……書聲琅琅，帶著悲悽的聲調，那是香妃、那是長門宮的阿嬌……活脫脫一曲又一曲，像幽囚的美人聲……

想著明年的大考，關緊自己的苦悶，蟬鳴聲聲聲入耳，讀書聲聲聲駐心……為了美好的前程，我必須淡定入靜。窗外的蟬哥、蟬姐請聲聲慢，愛情的偉大音符且休且止。讓我靜一靜……

4. 馬上寫作

以下兩篇是以「窗外」為題的完整參考示範，請考生體會參酌。

【參考寫作一】

灰濛濛的天空，灰濛濛的海洋。窗外的景物亮不停步，只有那片海洋靜坐著，觀望著橘白相間的火車向北方馳騁。

在火車內的我，與同學、領隊把握畢業旅行的最後一程，在撲克牌較勁之餘，不時望向窗外，太平洋的面貌讓我在旅途的尾聲，又跌入滿滿的回憶裡。

同樣是灰濛濛的天空，但大海卻散發出湛藍的色彩；同一群人，擁有不一樣的情緒。抱著無比興奮的心情，期待著旅程與大自然碰撞激出的火花。旅途一開始，就一股腦兒地栽進太平洋的懷抱，鮮少接觸大海的我，乍見一望無際的太平洋，雀躍之情溢於言表。

向窗外眺望，遠方海天連成一線，灰色的天空在海洋塗上陰鬱的湛藍，忽又抹上舒服的藍綠色，鋪上了亮粉，太平洋就在微弱亮光的照射下閃耀著。靜躺著的太平洋，享受海風拂過臉頰的清涼，也任由它吹拂自己的白色衣襬。一波波海浪匍匐著，準備攻下岸邊每一道縫隙，搜刮戰利品，歡樂地返回大海。而我們也要像那海浪般，湧進後山，並帶著美麗的回憶與滿足返回臺北。

灰濛濛的天空，灰濛濛的海洋，憶起這四天快樂的回憶，我微笑著，太平洋也跟著笑了。橘白相間的火車載著滿滿的回憶，與太平洋道別。

【參考寫作二】

週末常到學校的一樓綜合教室自習，我習慣坐在固定的窗邊，這裡不但通風，還有窗外的小中庭。每當遇到疑難雜症時，我便瞧著這塊小綠地，它的寧靜，沉澱我的心思，一旦雜念屏除，思慮就更加透澈。

書讀到一個段落，心意闌珊，於是闔上書本。弓起手肘撐在桌子上，臉頰微傾，倚在腕背上，雙眼盯著窗外：弱草蔓生，嬌滴滴地偎在泥上，有幾張長椅在一旁，卻不曾見人來坐。灌木低長，上面空清一片，數個靈柱撐起一片綠意，翳陰橫夭，與天爭光，風動葉蕭，窸窸窣窣。忽然一處黑影亂竄，仔細一看，兩隻松鼠相逐，不一會兒，又重歸靜謐。

不知道又讀了多久，清風習習，偶然看見一位老者牽著小孩散步，老先生已白髮皤皤，引著孩童走進紅樓。然而，孩子停下腳步東顧西盼，老先生看了看他，舉起另一手指向拱門。於是，一個對過去充滿懷想，一個則連什麼是未來都還不知道的我，眼瞼一收，走進歷史的大流，情思走進邈不可知的世界。

冷風把我吹醒，回了回神，焦距從樹木、玻璃，拉回書上，昔人已去，唯有窗外深深依舊。

◉實戰4

國寫參考試卷這樣寫

10題國寫基本功

●大考中心於一〇六年七月公布國寫參考試卷，共五卷，包羅不同的組卷方式與各種題型。

卷一

一、史蒂芬．史匹柏導演過一部科幻電影《AI人工智慧》，敘述亨利夫妻因兒子患絕症不在身邊……我認為我們能夠使強大的技術變為有利的東西。

完整試題內容請參見大學入學考試中心網站

（https://goo.gl/X1TMBP）

●這一題寫不好的病灶在哪裡？

關於「我對人工智慧的看法」這一題，要求考生閱讀材料後，善用引文各種不同面向所提出的資訊，對「人工智慧的發展」這個議題：

1. 進行理性的分析評論。
2. 具體表達個人的觀點。
3. 如何融入這個AI的時代。
4. 如何面對AI造成的影響。

考生須注意：

1. 很多考生在議論的表達上，只會正反都要，不敢鮮明說出立場。
2. 不會善用引文材料，不是引用太多就是未加引用，最糟的是運用不恰當。
3. 有的考生只選擇四則中自己熟悉的材料，加油添醋極力發揮，過於偏執。
4. 有的考生完全不理會引文材料，自己想當然耳的寫去，完全沒搔到癢處。
5. 有的考生把四則材料作了完美整理，就交差了事，完全沒說「看法」。
6. 有的考生只是針對引文材料分則批評，沒有作總體的批判或提出見解。

●提供考生的寫作建議

1.「我看」是關鍵詞

「我對人工智慧的看法」的關鍵字詞在「我看」，重點在闡述自己的見解。考生要結實、深入、嚴謹地端出自己的想法，展現精闢的說理與推論闡述。

2.不宜全面否定

這個題目立論時，不適合以全面否定的主張表述：「我們不要人工智慧」或者「人類應廢除人工智慧」。

3.運用引文材料

根據引文所提供的四則材料，「我對人工智慧的看法」這個命題有「肯定的」，也有「擔憂的」。從這兩個角度去思索，然後決定自己的立場，提出自己的主張，闡述個人的見地，是合理的方向。

4.敘議必須兼顧

以四則引文材料為基礎，結合人工智慧時代的來臨，進行夾敘夾議。基於探究與闡論的需求，如果擁有更多更新人工智慧的材料與訊息，以來進行「敘」、「議」的例子，這是可行的。理由是：人工智慧是現在進行式，有很多辯駁或支持的空間。只是例子要精簡，不要冗長與複雜。

5. 大膽發揮思考

人腦與電腦間的實力與矛盾，成為討論的話題，有多重組合的觸角，這個部分有很多可以發揮之處。

●國寫這樣寫

1. 馬上審題

(1) 題目

這一題屬於知性型的國寫題，測驗目標的重點，在檢驗考生知性的統整判斷能力。

(2) 關鍵字詞

I. 題目是「我對人工智慧的看法」，有「我」這個主語，就不宜寫成客觀性的評論，要集中焦點表達「我的看法」，主題是「人工智慧」。

II. 就題型而言，是屬於「我看型」，這種「我看型」的知性論述，重點要放在「自己＋主觀的＋議論性」。如果根據正反意見，寫成一般性整理，這個也行、那個也要，不容易寫出「我看型」的獨到見解。

(3) **主題補充**

I. 首先要明白「人工智慧」的基本定義。人工智慧（AI）又稱人工智能，是美國科學家約翰・麥卡錫（John McCarthy）於一九九五年提出的。意指讓機器具備和人類一樣的思考邏輯與行為模式。發展過程包括學習、感知、推理、自我校正，和如何操縱或移動物品。人工智慧發展的領域包括：語音識別、電腦視覺與專家系統。

II. 人工智慧發展的第一步，必須是讓機器大量讀取資料，讓機器能夠判斷物件，進行歸類統整，並能判斷資料間的關聯度。

III. 知識工程的發展讓機器能具備專業知識，但讓機器擁有常識、推論思考並解決問題，目前看起來相對困難，而這也正是讓人憂心與爭議之處。

IV. 機器人是人工智慧另一個未來發展的領域。智能機器人能夠操縱物件、辨別方位，並能解決定位、機械臂運動或機器製圖等等。

(4) **引文整理**

由於四則材料已經做好短文分類，所以建議直接整合、歸納各分項資料，以利在闡論時做最直接的論據：

I. 肯定人工智慧：在科幻電影《AI人工智慧》中，機器男孩大衛代替兒子，陪伴亨利太太。

II. 人工智慧的可畏：科幻小說反諷人工腦的智慧已超越人類，人工腦已威脅人類。

III. 人工智慧時代來臨：牛津大學的研究報告，不久的將來七十%的工作機會，將被機器所取代。

IV. 人工智慧進化神速：人工智慧已能模擬人類大腦認知、思考和決策的過程。

V. 霍金的評論：英國物理學家霍金指出：一、人工智慧的問題，短期是誰來掌控它，長期是它能否被掌控；二、人工智慧的發展極致，很可能會毀滅人類。

VI. 霍德力普森的評論：哥倫比亞大學教授霍德力普森強調：一、人工智慧的利弊掌握在人類手裡；二、人工智慧有利於文明發展。

2. 馬上立意構思

(1) 確立方向

I. 確定自己立場：從立意構思的角度而言，「我對人工智慧的看法」，考生必須先確定自己的立場，然後再根據要求進行寫作。你認為人工智慧的發展是「有利的」

或者是「危險的」，這個大前提必須先釐清。

II. 傳統正反思維：如果從傳統的議論思維——「正反」——來尋繹「我對人工智慧的看法」立意上的思考，這個「正反」，不是「我贊成」或者「我反對」就算數，因為人工智慧時代已經來臨，不管你同意或不同意，它都已經發生，已經走在路上，而且一日千里，大步向前走了。

因此，這一題的寫作重點不是從正反面的選擇「要與不要人工智慧」，或者文謅謅的「認同與不認同人工智慧」。

III. 從立意（建立文章的主旨）到構思（細節的構想思考），要精準照顧到幾個核心：

i. 「你認為」：人工智慧會為人類社會帶來什麼樣的改變？

ii. 「你認為」：人工智慧會為人類社會帶來什麼樣的影響？

iii. 「你認為」：人類對人工智慧發展的新情勢應如何面對？

iv. 以「我對人工智慧的看法」，闡述自己的見解（主張、看法）。

IV. 「我對人工智慧的看法」這個題目，其實就是「我看人工智慧」。考生要扣緊人工智慧對人類的改變、影響，以及要如何因應，然後要闡述自己的見解，提出你自己獨到的議論。

(2) **三種選擇**

I. 有利的

i. 人工智慧的發展，整體來說，對人類社會是有利的。

ii. 核心論點：人工智慧利多於弊。

．人工智慧會為人類社會帶來的改變是：科技的嶄新文明、生活的快準節奏、縝密的演算時代。

．人工智慧會為人類社會帶來的影響是：方便的生活輔助、快速的傳輸任務、精準的工作績效。

．人類面對人工智慧發展的新情勢應該是：審慎的人機合作、樂觀的科技人生、進化的人機倫理。

II. 危險的

i. 人工智慧的發展，整體來說，對人類社會是危險的。

ii. 核心論點：人工智慧最後可能造成人類的浩劫。

．人工智慧可能會為人類社會帶來的改變是：機械性的科技人生、冷冰冰的社會組織、全面性的失業型態。

・人工智慧會為人類社會帶來的影響是：毀滅性的人類浩劫、失控性的社會亂象、紊亂性的生活秩序。

・人類面對人工智慧發展的新情勢可能會：人類生存空間的失去主導、人腦被電腦完全掌控、人工智慧全面扼殺人類的文明發展、人工腦可怕的無限進化。

III. **異常的**

i. 人工智慧的發展，整體來說，對人類社會是異常的。

ii. 核心論點：人工智慧弊多於利。

・人工智慧可能會為人類社會帶來的改變是：邪惡組織利用人工智慧犯罪、商業行為利用人工智慧打擊對手、不良組織利用人工智慧擾亂破壞金融秩序。

・人工智慧會為人類社會帶來的影響是：爾虞我詐的社會歪風、顛覆優劣所得的工作機會、家庭生計岌岌可危、生活秩序紊亂失序。

・人類面對人工智慧發展的新情勢可能會：道德規範失去意義、人生樂趣走向乏味無趣、刻板機械取代人性熱情、人工智慧代替美麗人生。

(3) **建議提醒**

以上只是列舉一端，考生仍可用多種組合，以多元多樣的角度來闡論表達自己的想

法。以客觀的分析人工智慧的優劣，來綜合闡述這個既迷人又令人擔心的ＡＩ世界，

在這個基礎之上，進而議論批駁，說一說自己鮮明的見解。

3. 馬上選材

本題引文的素材，事實上是由四個片段組成，前兩則是科幻電影與科幻小說的例子，後兩則以評論為主。

善用引文原材料做橫向的結合與縱向的發展，結合全球脈動，列舉不斷開發的人工智能，諸如新的人工智慧電影或更前衛的科幻小說等等，讓這些材料更豐富、更新穎、更靈動。論據愈新、愈多、愈巧，立論就會愈有支撐力；論證透過多面向材料，夾敘夾議，闡論就愈有說服力。

以下各項訊息，有的抱持正面的評價，有的抱持負面的看法。當人工智慧將取代人類大部分工作的條件下，人類社會究竟要以什麼樣的智慧與心情來看待人工智慧呢？李開復說：「從機器的弱點找未來的機會，讓ＡＩ人工智慧當你的工具箱。」人們擔心人工智慧會取代大量工作，甚至控制、傷害人類，不論科幻小說或電影情節是不是會成真，我們可不可以站在比較高的高度，從運用人工智慧走出一條有利於人類社會的好方向，我們能積極想出什麼策略？甚至能從中找到什麼機會？也許這才是王道。

(1)

引文素材發展

I. 科幻電影《AI人工智慧》，機器男孩大衛代替兒子，發揮人工智慧的效用。我們可以再結合超級電腦華森，憑藉大數據，它能夠比藥劑師更為精準與全面地考量藥物作用，開出更審慎的處方箋；它也能精確地分析電影的劇情畫面，精要恰當地剪輯好預告宣傳片。然後闡述人工智慧的任務是執行程式，從程式被寫入的那一刻起，人工電腦就堅守信仰，依照指令執行程式的每一個要求；電腦帶給人們新生活，至少它有滿足性、享受性、方便性與可靠性等特質。在人類面對科技迅速轉換和日新月異的提升，還可以節省時間、空間和電力資源。人工腦的科技性、便利性、快速性與準確性，可以說是大步向前走的第三次工業革命。

II. 張系國科幻小說《超人列傳》則反諷「人工腦」將超越人類，完成進化。我們可以再結合蘋果公司總裁庫克的警惕，他說：「我不擔心人工智慧會讓電腦像人類一樣思考，但是我更擔心人類會像電腦一樣思考，失去了價值觀和同情心，罔顧一切後果。」搬運物品機器人、掃地機器人、刀削麵機器人、類人性化的按摩沙發等等智慧型的人工智慧產品不斷更新。人類仰賴這些人工智慧的替代品，漸漸遺忘生命的價值、人生的本質、生活的情味，人與人之間日漸疏離。當人工智慧不斷突破演化，總有一天，電腦漸漸會走向對人的同化。當人工智慧控制人類，從類人性到超人性，那將是無可挽救的浩劫。

III. 英國牛津大學的研究報告：表明未來七十％的工作將有可能被機器所取代。人工智慧是擋不住的潮流，在可以預見的未來，一般技術類的職業、勞力資源將普遍被取代，無人商店、無人駕駛汽車、無人管理的管家、醫師開刀的各種機器手臂、無人操作的關燈工廠……人們想得到與想不到的民生型人工智慧產品，必然如雨後春筍般多元又多樣的問世。

IV. 人工智慧阿爾法狗（AlphaGo）在圍棋大賽擊敗世界高手李世乭。由於人工智慧卓絕的演算法近乎完美，只要是人設計出來的遊戲，人工腦一定可以在超級演算法的條件中打敗任何對手；其他像西洋棋、象棋等真人與機器人大戰，機器人取得絕對優勢的大勝也屢見不鮮。萬一有一天，人工智慧發展到完全能解讀分析人腦、人性的超人性程式，進而演化出完全能操控人類大腦思考的程式，那就不只是打敗某一項棋藝高手的境界了，這是最值得人類審慎思考的人工智慧發展之路。

V. 知名物理學家霍金強調：「人工智慧的完全發展，可能會招致人類的滅絕。」霍德力普森教授指出：「人工智慧不會毀滅人類，對人類有益。」

這兩位大師對人工智慧的未來有不同的思考與評價。考生對某一方可以有支持性的闡論，也可以跳脫這種極端的思維，走出自己一套面對人工智慧的嚴謹思索。從時間的長短與空間的大小來想像，對於人工智慧需要以掌控的思維來面對它嗎？人工智慧發展到極限，人類真的能掌控得住嗎？還是人工電腦都是人為創造出來的，只是程式下的產物，人類可以輕易管控它呢？人工智慧真的是一條不歸路嗎？

(2) **其他選材探討**

I. 李開復說：「把單一領域、大量具有清晰標注的客觀數據丟進去，人工智慧就會快速學習，繼而預測、判斷、分類、決策。」人工智慧不斷創新突破，任何有大數據的領域就是AI發展的機會，對民眾而言，可能導致大量失業、貧富懸殊差距快速擴大等社會問題。

II. 人工智慧的可怕是：它只有照單全收、徹底執行的功能，沒有溫暖的人性和愛心、沒有隨機應變的能力、沒有喜怒哀樂的情緒、沒有是非判斷的能力。

如果出現無與倫比的超能力怪人，又是無情、無義、無血、無淚的邊緣人，完全掌控人類思考模式，賦予機器人滅絕、狙殺等等非常負面的人工智能思考，這種嗜血的變態人，最可能是人類毀滅的主導者。

III. 當人工智慧已經如火如荼的大躍進時，人類必須審慎思考：究竟要讓長期依賴人工智慧的人腦走向「類電腦」？還是要讓來勢洶洶的電腦走向「類人腦」？讓非人性的人工智慧主宰人性，還是信誓旦旦地做人工智慧的主人？在利益與道德之間，在轉機與危機之間，人類該如何堅持立場？非黑即白的 ＡＩ 世界，人類該如何尋找出路？

IV. 如果人工腦進化到具有類人腦的智能，人類應該積極考慮和人工智慧互相合作，讓科技和倫常結合、讓人性和人工性相得益彰、讓人工智慧信仰人的價值、讓人工智慧有支配駭客或修改入侵者的絕對優勢。

V. 在科技文明主導下，如果人工智慧無法停止發展，人類應該考慮和 ＡＩ 和平共存。讓好人支配 ＡＩ、阻絕壞人掌控人工腦，寫入人類同情心和同理心的人性化程式，讓人工腦具備模仿人性的超能力。

VI. 人工智慧既然是人類發明的，人類就必須強而有力的永恆掌控它。人類不用過度憂心，機器人畢竟是機器人，它只有聽話的本事，一套程式、一個動作、一個指令。

但是要用心防範未然，要群策群力，要捐棄成見，讓人工智慧永遠是個善於辨識、奉令行事的人工腦。

4. 馬上布局

(1) 選擇一：有利的軟革命

I. 第一段：人工智慧劃時代的來臨，人腦與人工智慧密切合作，是值得歌頌的大事。

II. 第二段：新時代科技文明雖然改變人類生活現狀，但是人工智慧終將提升人類生活品質。長遠看來，在調整社會結構與經濟秩序這條路上，是可喜的一大步。

III. 第三段：正面闡論人工智慧的時代意義，從便利性、迅捷性、科技性、進步性、文明性等等，做多觸角的闡述。

IV. 第四段：列舉人工智慧的各種發明及日新月異的科技產品，表現在生活上的新潮流，夾敘夾議，闡釋人工智慧的貢獻與價值。ＡＩ人工智慧是人類的工具，人類要運用科技文明創造新的契機。

V. 結語：人工智慧對於人類文明是新的里程碑，人類要善用科技的進化，大家偕手創造與分享夢幻的新時代。

(2)

選擇二：可能毀滅人類

I. 第一段：人工智慧的發展，對人類社會充滿不可知的潛在危機。人工智慧的高度發展，最後極有可能造成人類的浩劫。

II. 第二段：人工智慧將會帶給人類社會重大的改變，人類有絕對把握掌控人工智慧的無限演化嗎？人類敢大膽預估人工智慧對人類社會有完美貢獻嗎？當「人工腦」發展到「類人腦」的境界，甚至「超人腦」的進程時，人類真的有把握人工智慧面對一切未知的未來演變，會是絕對美好的可能嗎？

III. 第三段：從反面的議論，對人工智慧的科技效能進行批判：人工智慧除了可能形成失控的社會亂象、紊亂的生活秩序外，令人擔憂的是：它還有更大的可能——造成毀滅性的浩劫。

IV. 第四段：再論——人類面對人工智慧發展的新情勢，可能失去主導人類生存的空間；當人工智慧完全進化到足以取代與掌握人腦時，人工腦將完全掌控人類。人工智慧極端科技有可能全面扼殺人類的文明結晶。當人工腦無限的進化，人類恐怕會面臨另一層排解不去的陰影，亦即難以想像的毀滅。

V. 結語：人工智慧看起來是科技文明的極品，如果沒有完善的配套措施，當人工腦無限制的發展，在沒有任何歷史的經驗下，誰都無法確知，人工智慧會引領我們走到什麼境域？這是一直堅信人工智慧是劃時代產物的專家應該深省的問題。如果我們說，這是一場「無法挽回的浩劫」，這算聳動嗎？

(3) **選擇三：弊多於利**

I. 第一段：人工智慧改變了這個時代的生活型態，科技文明是可喜的嗎？可怕的陰影已經籠罩普羅世界。

II. 第二段：人工智慧將取代高百分比的工作機會，尤其是重複性高、工作性質可以量化成數字的職業最容易遭到取代；如金融業，將會首先受到衝擊，其他如醫療、教育等等，遲早將面臨人工智慧的取代。人工智慧時代的來臨，等於失業時代的開始，將會造成產業界很大的波瀾。

III. 第三段：質疑人工智慧的價值，究竟是為資本家提供更易累積的財利？還是將導致廣大藍領階級勞動人口，恐慌性的生活樣貌與憂慮焦慮？人工智慧將會帶來全球廣大群眾全面性的影響，失控的經濟行為、紊亂的社會秩序……等，對全人類而言，無疑地，是難以估計的浩劫。

IV. 第四段：列舉人工智慧可能帶來人類生存型態的負面影響，以事帶理，闡釋社會生活結構的全面顛覆，將會導致難以平復的生活衝擊。歸結出人工智慧的未來，有難以想像的冒險性、危險性與不確定性。

V. 結語：雖然科技向前跨了一大步，可是嶄新的科技文明，真的可以在未做好完全準備之前，就一往無前地掀起影響廣大人群的人工智慧嗎？粗暴而絕對的人工智慧，真的沒有後顧之憂嗎？

二、

一九三八年聖誕節前，二十九歲的倫敦證券交易員尼古拉斯溫頓本來計劃到瑞士滑雪度假，後來改變主意前往捷克布拉格，幫他的朋友從事救援猶太難民的工作……溫頓一直活到二〇一五年一百零六歲的高齡才安詳去世。（改寫自BBC新聞）

完整試題內容請參見大學入學考試中心網站

（https://goo.gl/X1TMBP）

●這一題寫不好的病灶在哪裡？

關於〈我看尼古拉斯溫頓〉這一題，要求考生閱讀材料，然後抒發感想與看法。本題大致有以下幾點值得警惕：

1. 這一題是「我看」型，很多考生二話不說，全放在正反議論上大做文章。

2. 另一類考生剛好相反，只根據這條新聞的內容做整理，沒有感想與看法。

3. 有的考生分論點太多，缺乏文章的主軸論述，像什錦麵一樣，什麼都有。

4. 有的考生習慣東拉西扯，什麼論述都要提到賈伯斯、陳樹菊、博愛座等等。

5. 有的考生誤判題意，從反面批判主人翁的行徑錯誤，偏離原命題的旨趣。

6. 論點無關宏旨，寫夫妻感情世界過於疏離，同床異夢，不夠光明磊落。

7. 論點失焦，主題放在BBC的無心插柳，意外讓主人翁不朽，令人啼笑皆非。

●提供考生的寫作建議

1.「我看尼古拉斯溫頓」這一題，關鍵字詞在「我看」，要特別細加斟酌

就命題的文字習慣來看，乍看之餘，這一篇應該屬於知性型的國寫題，不分青紅皂白就下筆千言，粗心閱讀的人很容易離題。大考中心第一波公布國寫新題型，原本這一題歸類為情意型。「我看」這一型的作文應該屬於知性型，卻歸在情意型，這種判定與分類，造成高中國文教師很大的遲疑。後來第二波公布，做了修正，取消知性型與情意型的歸類，高中國文教師在文字的認知習慣上，才稍稍獲得緩解。

建議考生進行寫作之前，要把「引文」和「問題」仔細看清楚，不能一味執著於知性型與情意型的認知，完全切割，抱持嚴格的二分法。這一題成敗的關鍵，就看誰掌握主題的精準度高。

2. 歸納整合並且確立尼古拉斯溫頓的形象

仔細而冷靜的閱讀這一段改寫自BBC新聞的引文，了解主人翁悲天憫人的感人故事後，再概括整理出尼古拉斯溫頓的整體評價。

(1) **核心價值：**昇華人性的光輝。

(2) **具體表現：**I. 發揮道德勇氣；II. 本心的自然流露；III. 為善不欲人知的美德；IV. 勇敢救援難童的義舉；V. 不居功、不張揚的謙德；VI. 善良、慈悲、熱情的人品。

3. 這一篇「我看型」很容易誤寫，要注意問題的最後一句

這一篇不是要考生談正反的鮮明立場，原命題要求「抒發你的感想與看法」，看起來似乎可以寫心得感想，或者表達自己的主張，考生下筆之前一定會很困擾，這一篇到底要怎麼寫？

從閱讀理解的角度進行判讀，就可以發現，這一篇文章並沒有「正反」的問題，也沒有「對不對」的討論空間。建議從正面的角度進行「我看」，也就是大前提必須肯定尼古拉斯溫頓的義行，這是合理而一致的思維。

4. 揭櫫尼古拉斯溫頓最核心的價值，比闡釋細節的德行更恰當

尼古拉斯溫頓最鮮明的價值，是將「人性的光輝」發揮得淋漓盡致，從這個核心論點寫去，立論恰如其分，下筆闡述就能鞭辟入裡，搔到癢處。

其他如道德勇氣、勇敢、謙虛等等的角度，都能言之有理，但沒有扣緊「一句見骨」的精到性；角度太多，見解容易分散，文章的力道就弱了。以人性的光輝為骨幹，再以其他具體的德行做分論，文章會更有層次感，也會促成總提分應的效果。

●國寫這樣寫

1. 馬上審題

(1) 題目

根據引文所敘述的故事，以「我看尼古拉斯溫頓」為題，寫一篇文章，抒發你的感想與看法。

(2) **關鍵字詞**

I. 第一句中的「故事」是關鍵詞：尼古拉斯溫頓默默救援猶太兒童的偉大義舉，五十年後，他的妻子才發現。消息披露後，英國國家廣播公司專訪他，才廣為人知。

II. 溫頓的話題單純鮮明：這是人性中最溫暖的報導，世人只有讚嘆、欽佩與尊敬。「尼古拉斯溫頓」這個人物，在ＢＢＣ新聞中，並沒有否定、懷疑、負面批判、陰謀論、正反各說各話的話題。

(3) **引文整理**

I. 背景說明：一九三八年倫敦交易員尼古拉斯溫頓臨時改變瑞士度假的計畫，赴捷克布拉格救援猶太難民。

II. 具體行動：溫頓單槍匹馬組織搶救猶太兒童，返英籌募旅費，收容他們到英國。

III. 默默行善：一九八八年妻子整理閣樓，發現丈夫五十年前救援猶太兒童的義舉。

IV. 新聞報導：拯救六百六十九位猶太兒童的生命，ＢＢＣ安排會面，現場至性至情、感人肺腑的一刻。

V. 女王授爵：二〇〇三年英國女王授予溫頓爵士爵位，大加讚賞他是「道德勇氣偉人」、「英國的辛德勒」。

VI. 現身說法：溫頓一席人性的箴言：「看起來是了不起，但我在做時不覺得了不起。有的人天生偉大，有的人成就了偉大，有的人被賜予了偉大。」溫頓謙虛地說自己是「被賜予了偉大的人」。

(4) **感想與看法**

I. 這個故事既然具有普世價值，十分陽光、十分善良、十分慈悲，這是本心最完美的呈現。那麼這個「感想」，就應該在尼古拉斯溫頓的背景資料下，從客觀的肯定出發，抒發澎湃的感動與情愫；進而從主觀的「看法」（體悟）來闡述「人性之美」。歸結出人類的良善性，偉大出於平凡，平凡中見偉大的道理。

II. 「感想」和「看法」的篇幅比例，最好是一比一。

2. 馬上立意構思

「我看尼古拉斯溫頓」這一篇很特殊，如果立意構思的方向偏了，或者主題的重點失焦了，寫作失敗率就很高。

(1) 在閱讀理解完這篇報導之後，判讀「我看尼古拉斯溫頓」這個題目，要站在最完美的高度來感受，凸顯「人性的光輝」，可以算是溫頓最大的價值與形象。人性的光輝不是外求來的，每個人都有一顆赤子的本心，它是永恆的存在。就修為而言，學問之道就是在追求完美純潔的「本心」而已。

如果我們要昇華人性，就離不開本心的完全發揮，因為上天賦予人類，人人都有一顆慈悲而至善的良心。

(2) 人性的可貴、可愛、可美、可善，全在「真實無妄的自己」，要如何善盡自己的本心？如何完全的自我實現？

所以「學生」的原始旨趣，就在覺悟人性的價值；一般人自我覺悟的能力不足，所以需要學習，需要從教化中得到啟迪，得到力量。春風化雨的使命，就是在教人做成一個人。領悟、體悟、頓悟，都在覺悟天生的人性。所以，有人開悟，就有人了悟。

(3) 人性的至美得以發揮，溫頓做到了，當然我們每個人也都可以做到。溫頓說：「看起來是了不起，但我在做時不覺得了不起。」這話說得好，人人如果都能了不起，卻不覺得了不起，證明人人都可以成為偉大的人。

偉大出於平凡，只是因為平凡的人發揮了至美的人性，如果人人都這樣，那麼人人就都偉大了。

原來，偉大只要完全發揮天賦的本心，這樣人人都可以成為溫頓，就如老祖宗們說的：「人人都可以為堯舜。」堯舜只是「性之也」，就是把人性發揮到極致，如此而已。

溫頓和堯舜無異，完全又完整的昇華了自己的人性。

(4) 人可以平凡，但絕不可以庸俗。為什麼人不可以庸俗？庸俗會讓人丟失人性，讓人隨波逐流，庸俗的人就庸俗了；為什麼人可以平凡，當富貴、貧賤、橫逆之來，能耐得住操守，能守得住靈魂，堅持得住價值，內心的尊貴至上就能展現人性的心，平凡的人就偉大了。

3. 馬上選材

(1) 尼古拉斯溫頓原本計劃到瑞士去滑雪度假，後來改變主意，前往捷克布拉格，協助友人救援猶太難民。這一顆拯救六百六十九個小生命的善心，是「人同此心，心同此理」的仁心。也就是說，源於人性相近的本心，是人人稟賦中，都具有的人性之美，孟子說這是「惻隱之心」。良善的本心一直長存，覺醒的人性光輝，是與生俱來而且十分聖潔的至性。

溫頓在一轉瞬間，人性的光輝猛然覺醒，這種「偶然到必然」，不思而得，不勉而中，自然而然率性做去。這種不帶勉強的自覺與覺人，是他觸碰到了人性最原始的偉大。所以能「自反而縮（正直），雖千萬人吾往矣」，靠著一股浩然氣，成為世人的典範。

(2) 尼古拉斯溫頓的偉大，不在他職位的高低，也不在他身分的貴賤。他啟動了致中和的人性力，所以成就了猶太兒童，也成就了他自己。

每個人的本心，都住在每個人的心田裡，偶然的美麗是因為有著必然的赤誠，至誠的人才能盡自己的人性。人人都和尼古拉斯溫頓一樣，內心都蓄積著一顆聖心。溫頓開發了自己的至真至善至美，這個「我」可以納須彌於芥子，也可以包萬有於宇宙。於是人性的「了不起」就昇華了。

(3) 這一題如果要以「人性的光輝」大開大闔，最好鮮明地以尼古拉斯溫頓為核心。不要輕易地又搬出一大堆名人軼事，太多的堆疊，會破壞溫頓聖潔、乾淨的形象。透過人性的至美，可以點出道德勇氣的可貴；源於溫頓本心的自然流露，可以見到人性的可喜；至於為善不欲人知的美德，正是含蓄不露的至美；勇敢救援難童的義舉，也是惻隱之心的可歌可泣；不居功、不張揚的謙德，正是最聖美的謙虛心；至於善良、慈悲、熱情的人品，它更是人人可以追尋的愉悅。

(4) 一言以蔽之，就選材而言，只要鎖定這一篇從故事材料淬鍊整合出的「溫頓典範」，人性效應的腦力激盪就可以成為這篇文章的成功點，不要胡亂東套招、西框架，讓「尼古拉斯溫頓效應」，成為人人都可以自我實現的一條康莊大道。這篇文章的主意，就在偉大而平凡，平凡而偉大之中了。

4. 馬上布局

(1) **第一段：建議開門見山就運用「提示全文重心法」**

提出尼古拉斯溫頓贏得世人尊敬，主要的原因就是毫無保留地展現他完美的本心。由於自我良心的完整實現，將人性的光輝發揮得淋漓盡致。

(2) **第二段：可以運用「夾敘夾議」的手法進行布局**

透過尼古拉斯溫頓的感人故事與崇高可敬的德行，交錯敘議；同時，提出「偉大出於平凡」，「平凡蓄積偉大」等理論，讓主人翁溫暖而可親的形塑，自然而然地登場。

(3) **第三段：建議將寫作的焦點放在「心境的發抒，感想的敘寫」**

從尼古拉斯溫頓在一個偶然的機緣成就偉大的貢獻，這種必然的人性昇華，人人都有機會參與；人人天生都有這種博愛的種子，保持善良的心田，時時擦拭自己的本心。時機一到，水到渠成，瓜熟蒂落，小處是燭火，大處是燈塔，更大處是太陽。光的溫暖不在大小，只要是光就是偉大的燃燒。

(4) **第四段：重點是「提出自己的看法」**

從尼古拉斯溫頓了不起的救援義舉出發，體悟出人為萬物之靈，我們天賦的心靈深處，都有人飢己飢、人溺己溺的偉大情操。從愛己到愛人到愛物，這條仁愛的軌道一直都是可以無限延伸的完美人性。好好闡論人性的可貴與可愛，進而推論出人人需要愛，人人都有愛，世間處處有溫暖，人性的溫情滿人間。

(5) **第五段：闡發「人性的光輝是普世的價值」**

聖心是至性的情操，揚善是至美的力量。人的高貴正是恕道的實踐，將心比心，心中就有別人。人性的至美得以完善的覺悟與毫無保留地發揮，人人都能擔當生生不息的使命。有人做示範，大家就能按圖索驥；有人做典範，人人就能知所遵循。人人都能如此，天下一家，世界大同，就不是空話。

(6) **第六段：結語**

尼古拉斯溫頓是良善的化身，是本心一場完美的演出，更是人性價值的最高成就。

卷二

一、

達爾文發現《物種起源》的歷程……一八三一年達爾文乘船遠航，思索生物的演化。一八三八年受到馬爾薩斯《人口論》的啟發，領悟出「物競天擇，適者生存」的假設。一八四四年他開始動筆寫作；一八五九年完成《物種起源》。……

完整試題內容請參見大學入學考試中心網站

（https://goo.gl/X1TMBP）

●這一題寫不好的病灶在哪裡？

關於「創造與發現」這一題，引文材料共有八則，前四則以條列式的片段資料，梗概介紹演化學之父達爾文，他是如何從一八三一年至一八五九年這將近三十年的時間，從思索生物演化的道理，到領悟「物競天擇，適者生存」的假設，最後完成《物種起源》的偉大著作。

從達爾文的經歷，學習「發現」到「創造」之間，所必須具備的條件。這種提供條列式的片段材料，對考生整合、組織、貫串的能力是很直接的檢驗。進一步也在檢驗從各種面向歸納出其中的道理。這種題型，考生有一定的困惑，大致有以下幾點值得注意：

1. 闡述主題，大多從既有的材料中，東拼西湊，組織成文，沒有深化的能力。
2. 未把握「創造與發現」的題旨，只是膚淺浮泛的談說，雖未離題，但理路淺薄。
3. 只是從「創造與發現」作文，不理會各則材料，完全不知國寫的寫作特性。
4. 只能大概詮釋「發現與創造」的歷程，未能針對核心焦點，表達個人體悟。
5. 全文只在介紹達爾文與演化學，天馬行空，忽略閱讀材料和寫作的相關性。
6. 沒有善用後面四則材料的申論與說明，只是集中火力在整合前四則的介紹。
7. 文章的結構布局失敗，全在整理八則材料的重點，只留個一、兩行說理作結。
8. 雖然能整理資料內容，但跳脫太遠，牽扯到教改、人性、失業、國家競爭力等。

●提供考生的寫作建議

「創造與發現」這一題，寫作成敗的關鍵在閱讀後的「啟發」。考生必須充分掌握引文中達爾文發現《物種起源》的歷程，深入思考創造力的培養和發現的條件，做完整而精闢的論述。

1. 本題引文的素材是以「條列式」的形式呈現，共有八則，考生必須完全理解這八則片段材料的內容，然後進一步「融會貫通」。這八則片段短文又分成兩部分：

(1) 第一部分：前四則是達爾文發現物種起源的簡要歷程。

(2) 第二部分：後四則是針對前四則閱讀後的認知與理解。

2. 這一題寫作的要素，要把握「創造力的培養」與「偉大發現的條件」兩個課題。「發現與創造」可以化身成「思考力」與「想像力」，觀察到發現之間，要有思考力；腦力激盪到創造之間要有想像力。達爾文和《物種起源》，是「闡論」的關鍵點，也是「啟發」的起點。

3. 「發現」部分有哪些觸角可以成為分論點？如：思考力、觀察力、親身體驗、蒐集資料、廣泛學習、整合知識、壯遊天下、專業閱讀……「創造」部分有哪些觸角可以成為分論點？開發潛能、保持童心、腦力激盪、大膽想像、專注用心、追求完美、信心勇氣、把握契機……

4. 「創造與發現」，最後必須落實，內心還要具備強大的力量，就是還要有執行力、堅定力、續航力、責任心、使命感……

●國寫這樣寫

1. 馬上審題

(1) 題目

「請仔細閱讀資料，了解達爾文發現《物種起源》的歷程後，以『創造與發現』為題，寫一篇文章。說明你從中獲得的啟發，內容須包含『創造力如何培養』以及『偉大的發現須具備的條件』。」

(2) 關鍵字詞

I. 這一篇「創造與發現」寫作成敗的關鍵點，在於怎麼從別人偉大的成就中，找到有示範標竿或典範形象的「啟發」。

II. 引文經過精簡組織、濃縮處理，以「條列式」的資料呈現。前半部以達爾文為對象，以其發現和創造的巨作《物種起源》為焦點，考生要精準掌握與理解，必須要通曉並消化這四則重點的精華。

III. 在通盤了解演化學之父達爾文及其巨作的創作歷程之後，更要結合後半部這四則的分析論述。題目引文的5、6、7、8四點可以提供考生在全文寫作「主意」的確定上，有很好的思緒整理。

IV. 在思考「創造與發現」如何謀篇設計之餘，一定要考慮到題目文字的敘述：「說明你從中獲得的啟發，內容須包含創造力如何培養以及偉大的發現須具備的條件。」這既是對考生的提點，同時也是限制性的寫作要求。

(3) **引文整理**

I. 第一部分：達爾文及《物種起源》

i. 一八三一年達爾文乘船遠航，蒐集增進人類地理學的知識，並研究各地的生物型態。這段時間，「達爾文思索生物演化，始終不得其解」。

ii. 一八三八年，閱讀馬爾薩斯的《人口論》，頓時領悟出「物競天擇，適者生存」的假設。

iii. 一八四四年，開始動筆撰寫這個假設的研究，花了十四年才完成。

iv. 一八五九年，達爾文完成《物種起源》的偉大著作。

II. 第二部分：討論「創造與發現」的議題

i. 任何人同樣有遠航經驗，並且閱讀馬爾薩斯的《人口論》，未必能發現「物競天擇，適者生存」這個劃時代的理論。

ii. 有創造力的人涉獵必須要寬廣；具備許多片段知識，是創造的基礎。擁有片段知識，若不能消化整合，仍然是死知識。將不相干的片段知識，發揮驚人的想像，而產出可觀的成就，這就是創意。

III. 結語

「科技整合」、「腦力激盪」都是激發創造力的方法。但是任何新觀念新思想，都會受到質疑、遇到阻力。創造力仍需要「信心」及「勇氣」的加持。

2. 寫作要求

這一篇要求在閱讀完引文資料後，以「創造與發現」為題，敘寫你從中所得到的「啟發」。記住不能隨便揮灑，要確定寫作的範圍、形式與要求。本篇就特別標明，內容須包含「創造力如何培養」以及「偉大的發現須具備的條件」，考生必須根據指示的要求進行寫作。

這一題既然強調「你從中所獲得的啟發」，在闡述道理或感想體會之餘，可以適度而合情合理地引用材料以外的素材，完成更豐富更周遍的寫作。

3. 馬上立意構思

根據大考中心這一題預試評閱的結果，我們驚訝地發現，有一部分試卷的得分顯示：得到A等第的受測學生和得到B等第的受測學生，在基本的文字表述能力以及措辭與文字表達的素養方面，十分接近，但是等第卻有懸殊的差異。主要的問題，來自於不了解語文表達能力的認知，或者可能是不細看題目就貿然寫去，形成可怕的結果。要從達爾文成功的經驗進行第一步的立意構思。

(1) 達爾文發現到創造的過程

達爾文完成《物種起源》的科學巨著，是典型「發現到創造」的過程：思索期——領悟期——研究期——創造期。我們看到了偉大的發現，少不了多方蒐集、細微觀察、多面向學習、汲取專業學問、苦心孤詣研究、科學客觀實證，最後才能淬鍊出自己的突破、發明。

I. 思索期：一八三一年，擁有醫學與神學基礎學養的博物學家達爾文，揚帆遠航，蒐集人類地理學的知識，同時研究生物的各種型態，達爾文一直努力思索生物演化的脈絡與發展，並沒有具體的發現。

II. 領悟期：一八三八年，閱讀馬爾薩斯《人口論》，讓他困惑的物種演化問題獲得很大的突破。馬爾薩斯的「生存掙扎」理論，給達爾文帶來很大的啟發。這個理論的重點是：當人口增長超過糧食資源的供給時，自然界有一套抑制人口膨脹的方法。在這樣的刺激下，達爾文領悟出「物競天擇，適者生存」的學理假設。

III. 研究期：一八四四年，達爾文開始進行《物種起源》的撰寫計畫，他堅持要有充足的佐證資料，才能確認自己的發現是完美的創造。經過十四年的細微觀察與反覆推敲，得以發表「物競天擇，適者生存」的理論。

IV. 創造期：一八五九年，達爾文完成《物種起源》，這是科學史上的偉大著作。

(2) **從達爾文的偉大成就，討論「創造與發現」的議題**

I. 達爾文能夠細心觀察、努力蒐集、領悟馬爾薩斯的學術啟發，所以最後歸結出「物競天擇」的理論。任何從「發現到創造」的偉大成果，都不是僥倖得之。

II. 科學突破與人文創造都要具備「多元的知識層面」；有創造能力的人，第一個先決條件就是「涉獵要寬要廣」，單方面的專業不足以致之。

III. 累積片段的知識，如果不能組合成整體，那永遠只是沒有用的死知識。創造力迸發，往往來自於能將不相干的片段知識，透過驚人的聯想與實證，產生有機的結合，創意必須有「發現」與「累積知識」的條件，最後還要充分發揮「想像力」，才會有「突破性」的發明力。

IV. 腦力激盪和科技整合等等，都是創造力激發的好途徑。可是新思想、新思潮與新觀念的產生，最初難免遭到排斥、質疑。只有具有強大的「信心」和不畏挫敗的「勇氣」，才能脫穎而出，創造自己的一片天。

4. 馬上選材

本題的引文主要鎖定在達爾文《物種起源》這個材料，後四則也是在前四則的主要敘事下，進行引申、深化、啟示與評論。所以，以「創造與發現」為題，說明你從中獲得的啟發，仍然是從達爾文的故事發展歷程引論出來的。

因此，這個「啟發」的內容，雖然可以觸類旁通，引用相關材料或例子入題，建議考生：不要完全抽離達爾文與《物種起源》，所謂的「物競天擇，適者生存」的演化論。本題寫作要求的要件與範疇，指定：「創造力如何培養以及偉大的發現須具備的條件」，敘事論說的基礎材料，仍宜以這八則片段材料為主架構。我們可以肯定地說：這一篇是典型「從閱讀到寫作」的命題。

在論說的選材安排上，提出以下的建議，以條列的文字表述，請考生參考：

(1) 這是一篇以條列式整理出來的片段材料，但是都有一定的「相關性」。考生要注意一點：必須具備組合故事情境的能力，至少達爾文《物種起源》「創造與發現」的歷程，一定要條理清楚、層次分明，表述才會順暢流利。

(2) 一個理論的完整建構，「發現」是第一步；發現之前先有思索；從思考的醞釀中，一定會有觀察的過程。蒐集材料、整理資訊、多方涉獵專業素養或新知識，這是發現的必然過程。以達爾文而言，之所以稱他為偉大的發現，是因為對人類有貢獻，他的事功對於全人類具有普世的不朽價值。

(3) 如果達爾文經過十四年歷程，從事觀察、蒐集、研究，然後思索了物競天擇的自然規律，這是偉大的發現。那麼蘋果公司創辦人賈伯斯，他不也是發現了資訊科技無可限量的前景。英國小說家柯南・道爾，運用豐富的想像力與縝密的邏輯推理創造了偉大的名偵探……這些例證可以縱向或橫向找到相關的人例、事例或物例。

(4) 「創造」是最後實際完成的成果，它需要種種「觸角」來建立分論點。如何培養開發創造的潛在能力，如何有效、精準地腦力激盪，如何大膽想像、小心求證；表現在態度上，是不是要專注用心？有沒有必要追求完美？具備執行創造的力量？要不要信心、勇氣、韌性？其他諸如：不斷嘗試、心無旁騖、把握契機……都是創造成功的要件。創造和發現一樣，可以找到其他例子，例如：賈伯斯創造出各種先進的資訊產品……

(5)「創造與發現」，最後必須落實。在整個研究或努力的過程中，內心的自我建設，是強者的自我塑造。強大的堅持力與續航力，不畏艱難永不屈服的實踐力，以及襟懷天下的視野、胸襟、慈悲、雅量、高度……都是創造與發現的康莊大道。

5. 馬上布局

(1) **第一段**：人為萬物之靈，人類文明可以日新月異，不斷進步發展，應該歸功於前人一棒接一棒的創造與發現寫起。

(2) **第二段**：闡釋偉大的發現，就是要能觀察別人所不到處；藉著寬廣的知識、嚴密的思索、吸取別人成功的經驗與專業，深入開發自己的研究，讓發現兌現，讓思考成功。

(3) **第三段**：論述創造是以前人的發現為前提或者以知識的累積為捷徑，群策群力，發揮想像力，組織整合出有益世人的發明，這就是創意的可貴。

(4) **第四段**：列舉古今中外潛心研究開發，驚人的努力發現與創意成就的例子，進行夾敘夾議的論證。

(5) **第五段**：以個人的感受，闡述偉大的發現促成偉大的創造作結。

二、

一九九五年十一月十五日，聯合國教科文組織決議，將每年的四月二十三日訂為「世界圖書和版權日」……巴塞隆納的書店一天內可以賣掉一百五十萬本書，總金額兩千萬歐元，花店同時也可賣掉六百萬朵玫瑰花。

完整試題內容請參見大學入學考試中心網站

（https://goo.gl/X1TMBP）

●這一題寫不好的病灶在哪裡？

關於「書和我」這一題，要求考生閱讀材料後，根據引文所提出三件特定和「書」有關的事，以「書和我」為題，寫成一篇文章。

本題大致有以下幾點值得警惕：

1. 很多考生不明就裡，提筆就寫，無視命題的限制要求，直條條的就寫「我和書」的經驗，只鎖定在「書和我」的關係，痛快寫去。
2. 有的考生只選擇三事中的其中一事，其他兩件視而不見，厚此薄彼。
3. 有的考生捨近求遠，三事只點到為止，然後就自由發揮，愈拉愈遠。
4. 有的考生只針對三事做整理，組織成篇，沒有「感受」與「啟示」。
5. 有的考生沒有概括材料的重點，幾乎照單全收說一遍，草草略述了事。
6. 有的考生直接寫成「我的讀書經驗」或者「讀書甘苦談」，分數的下場都很淒慘。

●提供考生的寫作建議

1. 這一題關鍵字詞在「詮釋與抒發」，重點在詮釋三事，並抒發自己的感受與啟示。
2. 閱讀完引文資料，先思考引文三件事的意義：
(1) **第一步**：思考那顆心的標誌該怎麼解讀？
(2) **第二步**：公主回送給喬治勇士一本書，要如何詮釋？
(3) **第三步**：西班牙人對書的熱愛要如何看待？

3. 本題屬於限制性的長文寫作，這個題目的設計，針對「書」這個主題，有明確的指標性範疇，同時有嚴謹性的闡釋主題，要完全掌握寫作的核心。

4. 「書和我」這個命題有非常明確的寫作要求，也有非常清楚的寫作方向。這兩個必須審慎的思考點要完全掌握，然後根據三事提出合理的詮釋，進行最適切的寫作；最後，在這個基礎點之上，接著進一步抒發感受與啟示。

5. 命題的提示文字，要求考生用心琢磨思考、發揮想像，以「書和我」為題，寫一篇文章。「用心琢磨思考」，是知性的判讀、分析與歸納，所以下筆寫「書和我」時，考生一方面要有足夠的整理功夫，同時要具備分析歸納的基本能力，才能抓緊題目的寫作要求，做好詮釋的寫作準備。

6. 至於「發揮想像」，則是屬於感性的、浪漫的聯想，這句話大致就已經說明了考生要朝好的詞藻、情境與意境來發展。因為這一題的分類，原本就歸納在「情意型」的國寫，文字要流轉自然、要有思想、要有情味，還要要有感悟，如果能寫到這樣，這一篇是很容易成功的。

●國寫這樣寫

1. 馬上審題

(1) 題目

依照大考中心第一次正式公布的國寫題型，這一題「書和我」最初的分類，是屬於情意型的國寫題。測驗目標的重點，在測驗考生感受抒發情意的能力（後來增補公布的新資訊，就把知性型與情意型的分類取消了）。

(2) 關鍵字詞

題目是：「書和我」，有「我」這個主語，就不宜只寫成客觀性的評論；又因為要求詮釋引文中的三事，就不能完全集中在表達「我的看法」。必須完全依據命題要求進行寫作；不要厚此薄彼，也不能厚彼薄此，兩大區塊統統要照顧到。

(3) 進一步審辨

主題是「書」。就命題要求而言，本題對於引文所述及的三事，限制要求整理詮釋，然後又指定要求抒發自己的感受與啟示，重點要放在「客觀性的詮釋＋主觀性的抒發」。客觀性的詮釋，要求精準解釋說明；主觀性的抒發，要求以自己的角度表達感受與啟示。感受是傾向「感性抒情」的表達，啟示則是傾向「理性說明」的體悟。「從閱讀到寫作」常常具有指定與限制的鮮明要求，這儼然已經成為國寫的常態，至於要進行知性的論述或感性的抒發，完全要看命題的指示。

(4) **「書和我」算情意型嗎？**

嚴格來說，這一題既含有知性也含有感性。由於大考中心的國寫示範題，和大家傳統對文體的認知與習慣有所衝突，所以，大考中心最後就順理成章地收回原先公布兩大題型的分類——知性型與情意型。但是，大考中心大原則的劃分並沒有問題，真正的問題是國寫參考試卷（卷一至卷五），寫作命題的指示文字本身把應該簡單的複雜化了，將應該明白的模糊化了。命題的指示文字表述區隔不夠清楚，所以讓國寫兩大金字招牌——知性型與情意型，莫名其妙不見了。

(5) **文章整理**

大考中心第一波公布的參考試卷，把這一篇「書和我」歸類為「情意型」的國寫題，命題設計的概念，是典型「從閱讀到寫作」的限制性寫作。考生不能一見到題目「書和我」，就任意寫去。

一般考生沒有通透理解國寫基本款的寫作要求，當「閱讀」和「寫作」之間，有明確的連結與限制要求時，引文材料往往就是寫作的方向與範疇，一定要掌握「從閱讀到寫作」這種限制性寫作的核心精神。千萬要明白，這種題型的閱讀材料，對於現行的國寫作文絕對有意義，不能等閒視之。下筆之前，還要看一看命題的指示文字是怎麼說的？不要被表面的「知性型」與「情意型」困擾或誤導了。

I. 世界讀書節怎麼來的：一九九五年十一月十五日，聯合國教科文組織決議並明訂，四月二十三日為「世界圖書和版權日」（也譯為世界讀書節）。

II. 世界讀書節的閱讀活動：四月二十三日這一天，全球各地的書店都會懸掛特別設計的標誌——一本開啟的書，中間是一顆心。多少年來，世界各地都在舉辦包括朗讀接力比賽等各式各樣的閱讀活動。

III. 世界讀書節是誰提出的：四月二十三日湊巧也是英國莎士比亞和西班牙塞萬提斯的辭世日。世界讀書節是由西班牙提出的建議，這個構想的靈感，來自於加泰隆尼亞地區的「聖喬治節」。

IV. 關於聖喬治節的傳說：一位美麗的公主被惡龍困在深山，喬治勇士戰勝惡龍，拯救公主，並以玫瑰花贈送公主。公主回贈一本書。

V. 加泰隆尼亞的情人節和書節：源於聖喬治節的傳說，四月二十三日就成了該地的情人節，一九二六年國王訂此日為「書節」，並且設立塞萬提斯獎，這是西班牙語系文學世界的最高榮譽。

VI. **男士送女士玫瑰花，女士送男士書**：加泰隆尼亞人將玫瑰花和書結合，推行「男士送女士玫瑰花，女士送男士書」的活動，來慶祝這個節日。

VII. **花店和書店擠滿了買花和買書的人**：這一天，加泰隆尼亞擺滿了賣花和賣書的攤位，攤位前擠滿了買花和買書的人。以巴塞隆納為例：書店一天下來可以賣出一百五十萬本書，花店可以賣掉六百萬朵玫瑰花。

2. 馬上立意構思

從立意構思的角度而言，考生必須先看清「書和我」命題的主意，確定建立關鍵的文章意旨，然後再根據要求進行細部的構想思考。這一題的測驗目標，大考中心雖然定調為情意型，從感受與啟示的項目來鑑別考生的抒發能力，但是別忘了原命題要求的第一部分（詮釋「三事」的意義），是在測驗考生客觀詮釋材料的能力，這一部分同時也檢驗「閱讀、理解、判讀、詮釋」的整個思路過程。要求考生具備這種能力，最直接的目標是期待考生未來寫論文時，真正具備成熟的資料消化、閱讀理解、客觀判讀、歸納整合、精確詮釋、議論評述等能力。

由於大量使用網路加上手機不離身的普遍現象，莘莘學子閱讀紙本書籍的習慣和風氣大大減低；閱讀速度求快、閱讀量普遍減少，同時不耐也不願閱讀長篇文字。這種全世界年輕人共同的閱讀趨勢，已然導致思考清晰度降低、想像空間版圖縮小、從心感受的能力貧乏、體悟的思索深度鈍化，這些逐漸衰退的基本能力與閱讀素養，著實令人擔心。我們可以揣摩這個題目的命題用意，顯然是透過考試的手段，要求第一線教師積極培養與深化閱讀素養的提升，帶領學生閱讀的板塊，能從句子——段落——完整篇章——整部書，按部就班發展出健康、自然、嚴謹的閱讀能力。這種從點到線到面到立體的閱讀階梯，正是今天中學生所忽略與漠視的。

所以，透過本篇引文材料的指定閱讀，重新認知「書」在現代化資訊時代與我們應有的關係，從命題設定的三件事：世界讀書節那一顆心的標誌、傳說公主回贈一本書給勇士的情味、西班牙人熱烈購書現象的反思，進行判讀。這是「書和我」前半部在指定片段材料的閱讀檢測，這部分的閱讀理解與解析判讀，雖然並沒有預設立場的標準答案，但是十分重要，直接影響了抒發自己的感受與啟示的寫作深度與力度。考生在處理「抒發情意」這個部分，最好扣緊「書和我」這個題目，寫作內容也不要離開引文材料所提供與限定的三個片段材料。這樣在表達「我」對「書」這個非常個人所產出的切身感受，以及深度的啟示，就容易契合命題的要求與期待。

從立意構思來看，詮釋引文中三事所蘊含的意義，其實沒有嚴格的標準答案，只要合情合理就行。但是，考生最怕這種題型，這怎麼說呢？因為考生一般寫應考作文，最喜歡以標準答案來謀篇、設計、思考與寫作，這是最好應付的框架（或者說套路）。可是當碰到直接要求「詮釋或解說」，面對這種精準度比較高的考題，考生往往不知所措，沒有十足把握，最後怎麼絞盡腦汁也擠不出一個字兒，在時間壓迫下，不少考生反而無可奈何，匆匆下筆交卷，留下考場的遺憾。

「書和我」這一題，在「詮釋」與「抒發」的篇幅比例，建議「一比一」或「一比二」。以下從立意構思的角度，提綱挈領，扼要建立標題，提供大家參考：

(1) **第一部分：**詮釋那「三事」

I.「心」的詮釋

i. 讀者的心與作者的心如何連結？

ii. 打開自己的心，進入作者的心。

iii. 為自己苦悶的心，在書中尋找泊岸的方向。

II.「公主贈書」的詮釋

i. 藉贈書表達感謝的心。

ii. 藉贈書期許勇士擁有豐富的智慧。

iii. 以最珍貴的物品贈送勇士。

III. 「西班牙人熱烈購書」的詮釋

i. 西班牙人浪漫情懷的具體展現。

ii. 西班牙人結合書與花，創造了美麗的傳說。

iii. 西班牙人透過書與花，開拓了有情的人生。

(2) **第二部分：**抒發「我」自己的感受與啟示

I. 智慧的人生：讀書可以益人神智，洗滌自己的心。

II. 最美的禮物：開卷有益，書是最聖潔的奉獻。

III. 深刻的自省：應為自己的心靈注入活水。

3. 馬上選材

題目以「書」為核心，以「我」的第一人稱做「詮釋」與「抒發」；本題在選材上要分兩個層次來思索寫作材料。第一層次：先針對三事，客觀性的詮釋這三事所蘊含的意義；第二層次：再就閱讀這三事之後，敘寫情意上所引起的感受與啟示。不必也不要跳脫原材料所提供的訊息，自作主張，任意馳騁。

這題屬於「限制反應式」的寫作，不是「拓展反應式」的寫作，不要捨本逐末，隨便瞎寫，像夢囈一樣，很容易寫成支離破碎或者游談無根，這是考生必須冷靜思考與細心沉澱的地方。既然題目是「書和我」，在「書」和「我」之間，自己和書可以有一定的連結；不要讓「書和我」空洞乏味，要具體落實，言之有物。

(1) **第一步：**我們怎麼來看「書」的價值與形象呢？

可以連結引文的材料自然切入：「世界讀書節怎麼來的」、「四月二十三日世界讀書節的閱讀活動——一本開啟的書，中間是一顆心」、「世界讀書節是誰提出的：四月二十三日湊巧也是英國莎士比亞和西班牙塞萬提斯的辭世日。世界讀書節是由西班牙人提出的建議，原始靈感來自於加泰隆尼亞地區的『聖喬治節』……」

【參考選材】

書是古老的發明，承載著人類的智慧。我們可以透過古人的智慧，來啟發我們的智慧。書也是現代人的養分，與作家心靈的對話，可以讓我們昇華。可惜，在現代科技文明的世界中，手機普及，網路盛行，書籍的價值似乎正快速而全面的褪色。……透過西班牙加泰隆尼亞的聖喬治節，經由玫瑰花和書的巧妙結合，讀書節與情人節有了至真至善的聯繫，人生美了起來……

(2)

第二步：順理成章地過渡到閱讀材料中三件和書籍有關的事。

I. 詮釋「一本開啟的書，中間一顆心」：「心」——從象徵到具體來詮釋，細膩思索世界讀書節那顆心的標誌。

i. 書籍是美麗的天使，帶領讀者每次翻開一本書，就能觸碰作者的心靈，想飛的心就能跟隨美麗的慧心，忘我飛翔。

ii. 在充滿庸俗與滿懷憤懣的社會中，書籍是充實自我的養分，是人生的指引，更是心靈的寄託。

iii. 面對心儀崇拜的作家，可以經由自己渴望的心，通過書籍的引領，進入作家的心靈世界，澆灌自己脆弱而頹唐、無知而荒蕪的心，打開智慧之門。

iv. 心是內在與世界接軌的橋梁，浩瀚的人生有各式各樣的引誘與迷失，書籍是最安寧的啟迪與安頓。我們在思想家的引領中，可以尋回失落的心。

v. 文學家給我們開啟視野的心，敏銳我們的視角，我們要以從心出發的視力，陶治性靈，美化自己的心。蒙以養正，要靠聖心成就聖功，開卷就有益人心。

vi. 心靈自由奔馳，書是最美妙的馬，當苦悶的心籠罩壓抑不開，書是最好的穿透，我們疲憊的心，可以從書中靠近智者的開悟，找到泊岸的方向。

II. **詮釋「公主送書給勇士」**：玩味勇士喬治解救公主的傳說情節，從公主的立場進行思考，詮釋公主回贈勇士一本書的意義。

i. **公主表達感謝的心**：俗話說寶劍贈英雄，公主以一本書回贈勇士，是纖纖真切的感恩之情。

ii. **期許勇士擁有智慧**：書是作家生命世界的淬鍊，公主以書的智慧之語回贈勇士喬治，期許他武勇的光芒之外，能夠增添心靈的力量。受人以恩，湧泉以報，十分熱切。

iii. **公主微妙情愫的暗示**：聖喬治節後來成為加泰隆尼亞的情人節，公主在感激解救之情外，心儀的情愫滋生，送書就是送情，將自己的心贈與了喬治。

iv. **以最珍貴的禮物表達虔誠的心**：書是智慧語、書是傳家寶、書是生命格言、書是人生之鑰，公主以象徵珍貴的禮物，表達最虔誠真摯的心。

v. **希望勇士能欣賞她的蕙質蘭心**：源於救命的一段恩典，勇士和公主漸萌愛意，公主希望喬治珍惜彼此，既能欣賞她的外在美，也能陶醉於她豐富的內在美。

vi. **書籍是最溫暖的橋梁**：公主希望能和勇士喬治永浴愛河，書是最永恆的橋梁，書是最美麗的傳遞，公主希望雙方的心能有緊密的連結，愛到永遠。

III. 詮釋「西班牙人對書的熱愛」：由傳說中西班牙人和書的浪漫情感，來反思網路時代西班牙人的購書現象。

i. 西班牙人浪漫情懷的具體展現：源於西班牙加泰隆尼亞地區的「聖喬治節」，這個節日的來源有一個美麗的傳說；勇士喬治隻身解救一位美麗的公主，勇士送紅玫瑰花給公主，公主則回贈喬治一本書當作禮物，既是情人節也是讀書節。這個美麗傳說的背景，營造了西班牙人特殊的浪漫情懷，對書情有獨鍾。

ii. 西班牙提議世界讀書節：聯合國教科文組織決議將每年的四月二十三日訂為「世界圖書和版權日」（世界讀書節），這一天也是西班牙塞萬提斯和英國莎士比亞兩位文學大師的逝世紀念日，設立「世界讀書節」是由西班牙提出的。

iii. 國王的提倡與推廣：一九二六年國王訂定每年四月二十三日為「書節」，設立塞萬提斯獎，是西班牙語系文學世界的最高榮譽。加泰隆尼亞人就將玫瑰花和書結合，以「男士送女士玫瑰花，女士送男士書」來慶祝這個節日。由於國王的熱情提倡，造就了文化薰陶的力量。

iv. 熱烈購書成為過節最美的情事：源於「聖喬治節」的「世界讀書節」和西班牙

人的「情人節」，這一天到處都是花攤與書攤，擠滿了買花買書的人。情人節買花結合讀書節買書，花店書店，買花買書，每年四月二十三日「世界讀書節」，成為西班牙人最熱愛也是最美麗的情事。

v. **書成為西班牙人多重意涵的價值**：在網路閱讀普遍取代傳統閱讀的時代，在美麗傳說、愛情、歷史、文化等多重意涵的價值中，獨樹一幟；對購書的熱愛現象，成為西班牙人與書的特殊連結。

(3) **第三步**：結合引文中與「書」相關的「三事」，抒發自己的感受與啟示。

I. 西班牙人對於書充滿熱情，是因為書中有愛情、智慧、知識，是豐富人生的金鑰匙。

II. 不論時代如何演變，書永遠是帶領人成長、提升、追尋生命理想的力量。

III. 歷史、文化的浪漫詮釋，掌握人心中的渴望，可以將書籍賦予新的時代意義。

IV. 西班牙人結合「書」與「花」創造了美麗的傳說，我們也可以尋找相關的有機結合，自然提倡書的流行，提升內在的充實。

V. 西班牙人透過書與花開拓了有情人生，在科技文明一日千里的變化中，如何引領世人慢活，人人綻放有情的世界，是可以積極追尋的方向。

4. 馬上布局

(1) 先從書的精神價值與古老智慧出發，總說「書」這個人類老祖先的重大發明，它記載了歷史與文化的實錄，也扮演承先啟後的角色，我們處在新舊交替、網路閱讀與傳統閱讀的急遽衝突中，應該如何看待書的價值；「我」或「我們」在和書的關係上應該如何定位與堅持，開創與堅守。

(2) 根據引文材料的閱讀理解，重新認知「書」在現代化資訊時代與我們的關係。根據命題要求，分項逐一詮釋與書相關的三事，從設定的三件事進行深入的解讀：

I. 世界讀書節那一顆心的標誌

II. 傳說公主回贈一本書給勇士的情味

III. 西班牙人熱烈購書現象的反思

(3) 詮釋三事內容的相關性，揭櫫「書」面臨的衝擊，做為客觀的討論課題。

(4) 從書的現象，探究人類閱讀行為的變異，並根據自己的想法，抒發「書和我」的深沉反思，然後書寫自己的感受與啟示。

(5) 結語。

卷三

一、二〇一〇年某日，一個七十多歲的老人，帶了一批畢卡索的作品，前往巴黎畢卡索文物管理處要求鑑定真假……然而法院也無法確判究竟是誰偷竊畫作以及是如何偷的。……（改寫自法新社新聞）

完整試題內容請參見大學入學考試中心網站

（https://goo.gl/X1TMBP）

●這一題寫不好的病灶在哪裡？

關於「畢卡索遺作事件」這一大題，引文改寫自法新社新聞，傳統來講這是一篇論說文，命題一般來說就是「我看畢卡索畫作偷竊事件」，正面、反面、多面都可以提出主張，表達自己的見解。

學測進入到國寫第一題，本質上雖然仍是論說的文體，我們可以發現：題目往往已經預先設定，「二選一」的題型非常普遍，這是學測語文表達類型命題的新傳統。發展到國寫，正名為「知性型二選一」的題型，其實換湯不換藥，畢卡索這一大題就是很典型的例子。這種題型，大致有以下幾點值得注意：

1. 很多考生碰到要求正面、反面或不同角度議論的題型，最後結論都是和稀泥。
2. 立論點太窄；寫友情何價，卻集中在「不是騙局」，焦點模糊，把兩題攪混了。
3. 立論過於僵化；寫大騙局，卻集中在蓋內克無真友誼，把這兩題搞成「非A即B」。
4. 考生未能針對事件，提出自己的觀點與感想，只會把事件簡略化、膚淺化。
5. 因為不習慣提出不同想法，所以考生不敢提出自己的主張，只好人云亦云。
6. 很多考生沒有邏輯思辨的能力和膽識，把資料整理整理，沾點邊就算交差了。
7. 考生心中有標準答案的包袱，未提出鮮明論點，造成說理貧乏、篇幅短少。
8. 不知從「人性複雜」與「利益糾葛」中尋找論點，建立並深化自己的觀點。
9. 講「情分」，無法闡釋情愫的可貴；說「理路」，缺乏縝密推理的邏輯能力。

10. 謀篇離題或偏題，重點變成「蓋內克是不是小偷？」或寫成「畢卡索畫作的來源？」

●提供考生的寫作建議

1. 本題寫作成敗的關鍵在「推理」，要培養邏輯思考分析的能力

無論考生選擇的是「友情何價」或是「精心計劃的騙局」，這兩道題的測驗目標都是測驗考生表述個人見解與思考的能力。在各說各話的年代，面對各種不同的主張或意見，如何培養言之成理的能力，是當務之急。下筆必須要有邏輯力、判斷力、分析力、歸納力……這樣在知性型的論述部分，才能呈現一定的表達能力。

2. 本題所記述的畢卡索遺作事件，真相未明，考生必須選擇一方立場論述

從法新社所報導的這則新聞，大家可以理解，法國法院雖然已經判決，但是「決而未明」，留下想像與討論的空間。這個題目只給兩個立場，要考生提出觀點和感想，考生只能從中選一個，不要另起爐灶。

3. 如果選擇「友情何價」，先決條件是站在蓋內克的立場說話，旗幟要鮮明

先歸納蓋內克和畢卡索一家的深厚交情；其次，以畢卡索喜歡單純的小人物，不乏以畫相贈做旁證；歸結出蓋內克就是畢卡索所喜歡的那類單純人物。第二個層次就要在這個基礎上，進一步提出友情何價的論述；透過曠世大畫家對於蓋內克這種小人物的珍惜與相知，凸顯畢卡索的人品，進而闡述友情的可貴，以「友情無價論」出發，讓畢卡索餽贈兩百七十一幅畫作給蓋內克這件事合理化。

4. 如果選擇「精心計劃的騙局」，要科學推論大量畫作重現江湖的不合理性

畢卡索四十年前的畫作重現江湖，而且數量高達兩百七十一幅，尤其是出自一位出入畢卡索家的水電工人，十分弔詭。以不合常理為核心重點，再切入其他疑點，並以國際藝術品走私集團盛行做連結，抽絲剝繭，邏輯推論，提出漂白論、陰謀論、勾結論，最後以「不合常理」作結，歸納出「這是一場世紀大騙局」的結論。

●國寫這樣寫

1. 馬上審題

(1) 題目

從「畢卡索遺作事件」設計兩個立場，要求考生選擇一個，說明自己的觀點與感想：

I. 友情何價——曠世大畫家對工人朋友的慷慨餽贈

II. 精心計劃的騙局——畢卡索失竊畫作重現江湖

(2) **關鍵字詞**

I. 本題成敗的關鍵點，就在「推理」。引文是改寫自法新社新聞的法院判決，這不是一樁普通的訴訟案件，二〇一〇年轟動全球，姑且名之為「畢卡索遺作事件」。大考中心組織這個材料，做為背景題材。

II. 第一題是站在「肯定蓋內克」的立場而設計的。「友情何價——曠世大畫家對工人朋友的慷慨餽贈」，畢卡索喜歡單純真誠的人，蓋內克就是這種值得信賴的人，畢卡索以自己的畫作相贈，以表達他對真誠友人的回饋，加上畢卡索生前也曾經贈送畫作給其他小人物，所以身價不菲的畢卡索慷慨餽贈畫作，是可以成立的。一位偉大藝術家的赤子之心和卑微而誠摯的水電工人，自然交融的情愫，是令人尊敬的。

III. 第二題的立足點恰恰相反，是站在「否定蓋內克」的角度來建構的。「精心計劃的騙局——畢卡索失竊畫作重現江湖」，透過原告畢卡索兒孫和被告蓋內克夫婦的對話，以及兩造雙方律師的辯詞，法院最後判定蓋內克有罪。其中涉及的層面和複雜性，很有探討的空間。

法國法院判決蓋內克必須歸還所有畫作，只以微罪定讞，但無法確定這些畫作是怎麼失竊的？就邏輯推理而言，蓋內克難脫干係。

(3) **引文整理**

I. 故事背景：二〇一〇年，七十多歲的蓋內克前往畢卡索文物管理處，要求鑑定聲稱畢卡索送他的兩百七十一幅畫作。這批畢卡索一九〇〇年至一九三二年間的畫作，鑑定出來是真品，價值超過六千萬歐元。畢卡索兒孫等繼承人認為不合常理，隨即向蓋內克提告。

II. 畢卡索友人回憶：畢卡索很喜歡單純的人，生前曾經贈送畫作給司機、理髮師，贈畫給水電修理工蓋內克並非不可能。

III. 蓋內克自述：他是畢卡索生前長期雇用的水電工，當年畢卡索夫婦待他如朋友，曾經送他裝了兩百七十一幅畫作的箱子。由於不懂藝術，畫作放在車庫長達四十年。

(4) **雙方說詞**

I. 蓋內克：畢卡索常邀請我喝茶，他對我完全信任，夫婦倆稱我為「小表弟」。有一天畢卡索夫人給我一個紙箱，如果是我偷來的畫，怎會放在車庫長達四十年？

II. 蓋內克妻子：記得有一天蓋內克收工回家，帶著一大袋畢卡索送的東西。

III. 被告律師：畢卡索精明又記憶力驚人，保護畫作固若金湯，偷竊畫作根本不可能。

IV. 畢卡索兒子：蓋內克夫婦說法相互矛盾，何時收到這些畫作交代不清？畫作沒有署名和注明日期，父親贈送或出售畫作一定會簽名。

V. 畢卡索孫女：我們都很信任蓋內克，他是我們家熟客，也和畢卡索十分友好，但畢卡索不可能送這麼多畫給他。

VI. 原告律師：蓋內克背後應該有國際藝術品走私集團在操縱，想要透過他和畢卡索的特殊關係，將這批贓畫漂白。

(5) **結果**

I. 二〇一五年三月，法國法院判定蓋內克「持有偷竊贓物」罪名成立，必須將兩百七十一幅畫作歸還畢卡索繼承人。

II. 法院無法確定誰偷畫？又是如何偷的？

III. 蓋內克夫婦被判緩刑兩年，決定繼續上訴。

2. 馬上立意構思

在多元社會的大時代中，大家習於表述不同的意見，聽起來莫衷一是，又各有說辭，公說公有理，婆說婆有理。這種各說各話的社會風氣，愈來愈普遍。但是真理只有一個，要怎麼樣才能愈辯愈明？說話寫文章如何培養邏輯力、推論力、表達力，必須鍛鍊學子個人思考與歸納分析的能力。

問題（一）解析——

如何讓畢卡索這位舉世聞名的大藝術家，對水電工蓋內克的慷慨餽贈能夠成立？以成就「友情無價」。

(1) **先從幾個角度進行材料分析歸納**

I. 蓋內克自述說法：他是畢卡索生前長期雇用的水電工，當年畢卡索夫婦待他如朋友，甚至送他多達兩百七十一幅的畫作。

II. 畢卡索友人的說法：畢卡索生前曾經贈送畫作給司機、理髮師等升斗小民，贈畫給水電修理工蓋內克可能性高。

III. 畢卡索喜歡單純的人：愈是平民百姓，純潔性愈高。畢卡索經常邀蓋內克喝茶聊天，閒話家常，對他十分信任。可見蓋內克是真誠的人、單純的人。

(2) **接著提出自己的觀點與感想**

I. 畢卡索是大藝術家，喜歡和真誠的司機、理髮師、水電工等小人物交往。這種跨越身分、地位的深情厚誼，不自以為高貴，也不自以為卑賤，感人肺腑、非常了不起。

II. 習於鎂光燈焦點的大畫家，往往不喜歡講排場、拉關係、套交情。對於單純的情誼尤其珍惜，這是最可貴之處。他們憑藉的是真性情、無心機、一顆赤誠的心。

III. 蓋內克是畢卡索生前長期雇用的水電工，當年畢卡索夫婦待他如朋友，曾送他一只箱子，裡頭裝了畢卡索兩百七十一幅畫作。他看得起蓋內克，正是「友情無價」的典型。

問題（二）解析——

(1) 先從幾個角度進行材料的分析歸納

I. 蓋內克四十年後才公諸於世的畢卡索畫作，不合常理，啟人疑竇。

II. 藝術市場出現如此大量的畢卡索兩百七十一幅遺作，非比尋常，震驚全球。

III. 畢卡索送一、兩張畫給友人是人之常情；送兩百七十一張，數量太多，不合情理。

IV. 蓋內克說畫作是畢卡索夫人送的，蓋內克妻子說畫作是畢卡索送的。蓋內克說畫作裝在紙箱裡，蓋內克妻子說畫作裝在大袋子裡；蓋內克夫婦兩人在細節的說法相互矛盾，真實性可疑。

V. 畢卡索的兒子質疑這些畫作都沒有注明日期和簽名，依照畢卡索生前的習慣，贈送或出售畫作前一定會簽名。

VI. 蓋內克背後應該有國際藝術品走私集團在主導，想要透過他和畢卡索的特殊關係，將這批贓畫漂白。

VII. 拿出巨量畫作去鑑定的，竟然是畢卡索家的水電工。

(2) **接著提出自己的觀點與感想**

I. 不要因為私人特殊情誼，背負情感包袱，陷入被利用的漩渦之中。

II. 有錢能使鬼推磨，要注意管控自己的慾望，有為也要有守。

III. 藝術家要珍惜自己作品的純潔性，不要濫送，不要多送，不要誤送。

IV. 當藝術品和利益集團掛勾，會嚴重損害藝術品本身的價值。

V. 國際竊盜集團經常以不正當手段取得許多畢卡索畫作。利用蓋內克的特殊身分，讓他以受贈者身分出現，希望藉此漂白，並取得真跡的身分與身價。

3. 馬上選材

(1) 由於寫作材料都在引文之中，請參考「馬上立意構思」的材料，分析歸納。

(2) 兩個題目都有相當精采的寫作空間，要注意剪裁、謀篇與章法的取捨。

(3) 如果選擇「友情何價」，在情感的渲染與感受上，要注意「情愫的真切」。

(4) 如果選擇「精心計劃的騙局」，在推理的抽絲剝繭上，要客觀深入周整。

(5) 根據法新社報導，最後連法院也無法確判究竟是誰偷竊畫作，以及是如何偷的？所以選材要經過消化，才能清晰論證。也由於如此，這兩題都有很大的寫作空間。

4. 馬上布局

(1) 友情何價——曠世大畫家對工人朋友的慷慨餽贈

I. 第一段：從「友情的可貴」談起，人生不能沒有朋友，獨學而無友，則孤陋而寡聞。帶入畢卡索和蓋內克兩人之間可貴的情誼。

II. 第二段：藝術家往往擁有一顆善良的心，畢卡索與蓋內克，這兩人忘了身分、忘了尊卑，慷慨餽贈正是藝術家率性、認真的特質。

III. 第三段：就引文歸納出蓋內克與畢卡索意氣相投的敘述，經常喝茶聊天……友情深處無怨尤。

IV. 第四段：畢卡索喜歡單純的人，蓋內克是真誠的人，兩人一拍即合。

V. 第五段：從畢卡索和蓋內克跨越世俗高低身分的情誼，總結「友情無價論」。

(2) 精心計劃的騙局——畢卡索失竊畫作重現江湖

I. 第一段：開頭就以「做人要講求誠信」起筆。

II. 第二段：以「一位水電工擁有畢卡索兩百七十一幅畫作」的不尋常，來做為論述的基礎。

III. 第三段：蓋內克夫妻可能受到利益集團的蠱惑，說明這近百年前的兩百七十一幅畫作重見江湖，十分詭譎。

IV. 第四段：列舉蓋內克夫婦答辯的矛盾，以及畢卡索兒孫列舉畢卡索的特殊習慣和各種指證，來反駁與揭發蓋內克夫婦的醜行：企圖將畫作漂白。

V. 第五段：從人性的複雜與利益糾葛，點出做人誠信是一件聖潔與簡單的事。

二、

設想畢業二十年後，一群老同學相聚寒暄、驚呼辨認，七嘴八舌的回憶從前趣事……散會前，各自留下一句感言，並商量下一場同學會的籌備委員、召開的時間地點……。

完整試題內容請參見大學入學考試中心網站

（https://goo.gl/X1TMBP）

●這一題寫不好的病灶在哪裡？

關於以「同學會」為題，寫一篇情境貼切的文章，在限定的要件中，只提出見面的情景和大家談話的內容。很多考生會寫得很熱鬧，但是大多很膚淺，而且往往寫得大同小異。

1. 考生容易陷入引文概述引導的情境，寫得熱情激切，最後的下場是船過水無痕。
2. 考生容易根據同學會的經驗加油添醋，集中在幾個人身上，像是描寫班上風雲人物一樣。

3. 有開過同學會或沒開過同學會的，大多沒扣緊「設想」兩字，缺乏想像力。

4. 「感思」這部分著墨太少，忽略引文後半段的多元多樣，沒有提升主題的高度。

5. 沒有巧思設計特殊性、話題性、意義性、感染力、吸引力的創意和想像。

● 提供考生的寫作建議

1. 關於「同學會」這一題，關鍵字詞在「現場情境感」與「感思」

審慎決定同學會的焦點和想要表達的主軸，必須有人物、有事件、有情節。其次，主題要凸出，必須要有與一般考生區隔的「設想」，設定情境需要有別於人的「創意」。

2. 記敘、抒情、描寫，三種文體交融運用，力求感染人心

這是情意型國寫的基本款，「二十年後的同學會」要有人、事、時、地、物的記敘，要有「場面描寫」、「動態描寫」、「細緻描寫」與「視覺」、「聽覺」、「觸覺」、「嗅覺」等感官綜合描寫的「多元表現」，以及「人物描摹」、「情節穿插」、「氣氛營造」等綜合刻劃，才能真正落實同學會的描敘，終而呈現現場情境感十足的鮮明效果。既然是同學會，情感的抒發要真誠，筆調可以是渲染誇飾的，也可以是含蓄婉約的。

3. 透過與眾不同的創意靈感，把好寫的題目寫得好

好寫的題目，不容易寫得出色，這是大家共同的認知。「同學會」會寫得庸俗乏味，關鍵就是考生往往寫得人云亦云，有的寫得大同小異、一般無二，有的下筆之先就有標準答案的思維。本題是「設定情境寫作」，考生必須透過創意靈感、透過合理聯想，進行「引人入勝的想像」，這一題才能讓人耳目一新，引起共鳴。

4. 脫穎而出的文章，來自於過人的高度與感人的深度

一篇好的文章，不是每個點、每個線、每個面，都用最重的力道去寫，隨著人物事件的發展，必須有輕重、有大小、有厚薄、有賓主等等。一篇好的文章，其實只要能迸出幾個閃亮的煙火，就會是經典的好文章。同學會這一篇，把老同學見面的情景栩栩如生的表出，只是一個好的開始。怎麼讓人物鮮明、故事精采、歷歷在目，要靠「描寫」、「記敘」的合作演出；同學的情愫要怎麼處理？多年不見的驚喜要透過「由事入情」，還是「由人入情」；至於「由景入情」，用得上用不上，端看你文章謀篇設計的需求。

5. 「同學會」要寫得精采，好好思索引文後半段的提示

製作紀念冊的目的在紀念什麼？捐款給母校怎麼給？成立基金會要怎麼發揮感染力？當然也可以用其他素材入題，敘明你最特別的經驗、或聽來的、或想像的都行。老同學見面的描敘、個人情感的波瀾、回饋母校或成立基金會等等，比例建議為「一比一比一」或「二比二比一」。措辭求優質、文字求精美、刻劃求細膩；情感求真情流露；同學會討論的建議案，要別出心裁、與眾不同，又要審慎表達。勿亂打高空，文字要優雅、自然。

●國寫這樣寫

1. 馬上審題

(1) 題目

「請以『二十年後的同學會』為題，寫一篇現場情境感生動的文章。」

(2) 關鍵字詞

I. 設想：屬於「設定情境型」的題目，限定某種情境下進行寫作。

II. 內容：設想二十年後老同學見面的情景、話題、感思、有意義的永續經營。

(3) 引文重點

I. 背景說明：設想二十年後同學會可能的情景、各種聚會的鮮明畫面。

II. 設想各種具體有意義的建議、組織班級資料庫、回饋母校或社會。

(4) **設定情境型寫作的特質**

I. 原命題的精神要求考生以想像為基礎，設定一個具體而完整的情境。

II. 就本題而言，多數考生參加過國中同學會；少部分私立學校的學生，因十二年一貫教育，未必有參加同學會的經驗。但是這一題標榜「設想」，原命題的精神就是要求考生自由想像，考生必須發揮想像與設計的空間。引文材料的內容，為一般同學會大致的概況，考生可以根據自己的經驗為基礎，好好捕捉記憶中的畫面，也可以結合社會資訊做更好的鋪排與潤飾。

III. 如果重點集中在同學寒暄話家常，回憶從前有趣的事件，千人一個樣兒，會造成熱鬧有餘、千篇一律，船過水無痕、哈拉一陣就沒了。以畢業後的境遇為題，選材要「新鮮有趣」、「雋永有料」、故事「凸出鮮明」。

IV. 引文材料的後半部，是這篇情意型作文必須費心著墨之處。例如：製作新的畢業紀念冊、捐款回饋給母校、成立基金會奉獻社會……。這些只是參考，你必須「言之有物」，緊緊扣住「題目的要求」，這裡的「巧思設計」與「謀篇安排」是文章的另一波高潮。

V. 敘事的比例：前半的「回憶敘事」和後半的「討論敘事」，可以把握「一比一」

或「三比二」或「二比三」等篇幅比例的原則。至於摹寫功夫的高下是寫作素養，抒發情懷是個人特色，有沒有魅力，一出手就知有沒有。這個部分是基本功，馬步平常就要蹲好。

2. 馬上立意構思

(1) 這一題屬於「情意型」的國寫題，非常典型的「記敘兼抒情類」寫作。

第一步：判定以「記敘」為主或以「抒情」為主，再決定怎麼「設想」

I. 記敘文與抒情文其實像連體嬰，不必完全切割。記敘文以記敘「人、事、時、地、物」為主要內涵，最後仍要有感染人心的情愫，否則缺乏興味，很容易落入「流水帳」的下場。

抒情文以「情」的發抒感懷為主，如果沒有「人、事、時、地、物」的記述，只有情的飛舞，容易流於無病呻吟。打算以記敘文為主，可以定調為「記敘兼抒情」；打算以抒情文為主，可以定調為「抒情兼記敘」。

II. 以本篇而言，宜選擇「記敘兼抒情」的文體安排，進行寫作。記敘或抒情，都需要「恰當而自然」的描寫文字做妝點，好的文字修辭加上巧妙的增飾，是生花妙筆的作用，也是盡善盡美的角色。

(2)**第二步：閱讀理解引文的材料內涵，結合自己的認知，進行消化解構**

I. 設想：從劈頭「設想」兩字出發，來思考怎麼為這一篇「二十年後的同學會」立意，決定文章的重點要放哪裡，然後再進行細部規劃的構思。

II. 立意：老同學二十年不見，一旦見面應該有怎麼樣合理的情景？驚喜、驚訝、驚呼……身材、樣貌、穿著、神態等今昔變化是話題；已婚、未婚、早婚、晚婚、離婚、子女多寡、年紀大小、事業工作職稱際遇、成敗起伏得失憂樂，也是話題；老師、同學生命存歿；校園糗事、趣事、祕事；同窗、社團、男女聯誼軼事；學習優劣、考試成績好壞；以上所有一切都是話題。

III. 構思：有人身材走樣像中年大叔，有人娃娃臉相貌依舊像高中生；有人攜家帶眷溫馨熱鬧，有人孑然一身落寞寡歡；有人事業有成如日中天，有人職場失意暴起暴落；功課好的同學竟然工作不順、婚姻失和、懷才不遇，留級重讀的同學竟然有人仕途如意、投資有成、得意商場；有的師生英才早逝不勝感傷，有的發生意外、有的杳無消息。正面負面的、成敗得失的，都是入題的好構思。

IV. 未來憧憬：為了同學之間能夠長期聯繫，有人提議建立全班基本資料庫；為了推廣校務發展，支持母校永續經營，服務地方教育，有人提議成立校務發展基金會；

有的同學飛黃騰達，打算以導師名義成立教育基金會，建議辦雜誌、設立獎助清寒獎學金……有人希望延續學生時期製作班刊的回憶，一年出一期《○○○同學會年刊》；有人建議集資百萬為母校圖書館增添圖書設備；有人主張同學會擴大為兩天一夜旅行，全家參與……

3. 馬上選材

(1) 傳統的教室同學會

每位同學坐在自己的座位上，買來五十個學校附近大家常吃的懷念便當；或者一個人準備一道菜，採取自助式同學會。請同學一一介紹近況，每人以一句話形容二十年來的自己。班長提議全班認養校樹兩百棵，象徵樹木與樹人。

(2) 素食餐廳同學會

尊敬半生茹素的導師，選擇素食餐廳做為同學會的聚會所，邀請老師參加，素食、健康、恬淡、養身，成為逐漸步入中年的熱鬧話題。回學校老教室，請老師上一堂人生哲學課。全程錄影，為年邁的導師留下最後的教誨。

(3) 導師慶生同學會

感念導師在校帶班期間，經常以兩個十四吋大蛋糕犒賞同學，選定畢業二十年後，在老師生日當天開同學會。導師一生未婚，終身奉獻教育，年老住養生村，會中大家決議以後都要攜家帶眷，讓老師開開心心，並且決定以後每年舉辦一次。

(4) **二十年年級同學會**

各班推代表共同籌劃，以班為單位聯繫、建檔、邀請，共同舉辦。結合二十年前社團幹部，跨校際相互支援，假學校活動中心外燴，進行各項才藝表演，並由藝術家校友舉行書畫義賣，所得悉數捐給母校，做為校務發展基金。

(5) **校園嘉年華同學會**

全家出動，老同學話家常、說糗事；另一半相互交換心得，小朋友草皮上遊戲玩耍；外燴、烤肉、玩躲避球……。交換事業心得，關心身體欠佳的同學。感念教育的可貴，多人提議捐冷氣、影印機，教學用電腦，整修老舊圖書館。

4. 馬上布局

(1) **第一段：**從寫人、寫事、寫景、寫物入手，都可以。只要自然貼切、寫實具體、鮮明清楚，都會是個好開頭。第一段千萬不要論說開頭，生冷嚴肅，整篇文章的氛圍，都被破壞了。

(2) **第二段：**可以從熱鬧的寒暄握手開始，點點滴滴的陳年往事，在驚訝辨識中，老同學熱呼呼見面。現場回憶從前的趣事，大家笑聲不斷，提及陳年往事，五味雜陳，不堪回首，苦笑不已。

(3) **第三、四段：**可以集中描寫與刻劃現場的景境、物境與情境，有的分享成功經驗，有的感慨自身窘困，從工作職場聊到家庭隱私，現場交談氣氛熱烈……

(4) **第五段：**可以換成老同學之間蒼涼沉重的話題，在過去與現在之間的日子，對生活有經驗，對生命有渴望、有期待，體察生命的情調，憧憬未來美妙的可能。

(5) **第六段：**在現場情境熱絡親切的描敘之後，能結合對於未來的想像空間，思索未來的人生際遇，體悟不同的人情、心態。針對「同學會」的價值取向與感思，可以深思一些有意義的提議，讓漸漸步入中年的老同學，從回饋、感恩、關懷、奉獻的光明面，發心為社會做出貢獻。

(6) **第七段：**仍然以自然的筆調作結束是最恰當的，以「依依不捨的場面描寫」收束，溫馨感人；或者以小朋友的童語「我下次還要再來」結尾，童趣無邪；或者安排讓導師一一和大家握手擁抱，直呼「期待明年再見」；或者拍團體照，留下美麗的回憶，畫上句點。以上任何手法都會比以「總而言之」，閉著眼睛瞎說道理好。

卷四

一、

十六世紀中葉，職業化的日本軍人化身倭寇橫行肆虐，嚴重威脅中國東海沿岸各省的安全……除了部隊的素質以外，主帥戚繼光卓越的指揮才能是決定勝利的關鍵因素。（節錄改寫自黃仁宇《萬曆十五年》）

完整試題內容請參見大學入學考試中心網站

（https://goo.gl/X1TMBP）

●這一題寫不好的病灶在哪裡？

關於〈戚繼光〉這一題，要求學生閱讀短文，分析戚繼光戰無不勝的理由，並且提出評論。根據學生實際習作出現的問題，本題大致有以下幾點值得警惕：

1. 「分析」與「評論」夾雜不分。有的只會分析，有的亂發議論，有的不知什麼叫做分析？不知什麼叫做評論？泛泛行文，一概以心得感想胡亂「作」文。
2. 有的學生跳脫文本，率性隨意寫去；有的學生心中無文本，猶如空中抓藥。
3. 有的學生以為評論就是議論，故意顛覆戚繼光的事功，針對全篇的旨趣，以反面的寫作手法行文，這是沒有看清楚原命題的要求。
4. 有的學生將戚繼光寫成偉人傳記；有的硬拗、瞎掰，寫成自己的期望。
5. 閱讀材料中提及「群眾固有的宗教信仰」，後文沒有特別交代，這一句作者語焉不詳，有人竟然在這一點上做文章。

●提供考生的寫作建議

1. 這一題的關鍵字詞在「分析」與「評論」

這是知性型國寫的基本款，先分析，後評論，兩大部分要「分開寫」，條理才會分明。分析評論千萬不要混雜寫在一起，這樣容易糾纏不清、文情紊亂。

2. 不論是分析還是評論，學生永遠要記得「必須從文本出發」

「從閱讀到寫作」是國寫的基本課題，針對原命題材料進行閱讀理解，然後才能根據命題要求從事分析、評論。要確實掌握文本，思考才能精準周密，下筆才能聚焦，最後就不會寫偏了或往不妥的方向發展。

3. 評論的部分，最好扣緊引文的核心，直搗黃龍

進行評論時，要有針對性、建設性，扣緊文本的核心內容，提出獨到的見解。不要天馬行空、東拉西扯，或者游談無根、岔出偏題、誤讀離題。

4. 段落分配要適當，太多顯得零碎，太少顯得臃腫

學生必須謹記在心：長文寫作，至少要分四段。兩段，會被視為不成文；三段，層次仍然不夠分明完整。

分析、評論的篇幅比，建議為「一比一」或「二比三」或「一比二」。評論千萬不能貧弱，這部分學生經常處理不好，下筆之前要經過消化整理，筆勢要強而有力。

●國寫這樣寫

1. 馬上審題

(1) 題目

「根據下列引文，分析戚繼光戰無不勝的緣由，並且提出自己的評論。」

(2) 關鍵字詞

I. 分析：分析戚繼光從未在戰鬥中被倭寇擊潰的「緣由」。

II. 評論：根據前項分析，提出「自己的」評論。

(3) 引文重點

I. 背景說明：倭寇蹂躪中國東南沿海，嚴重威脅大明帝國的安全。

II. 夾敘夾議闡述戚繼光迎戰倭寇時，能每戰皆捷的原因。

(4) 分析、評論的基本觀念

I. 「分析」是客觀的歸納，「評論」是主觀的見解。

II. 要以引文材料的內容為寫作標準，而不是根據自身的學習經驗為標準。例如：寫作時，不要夾雜自己對戚繼光的理解或歷史課本中的內容。

III. 分析、評論的篇幅比例，最好是「一比一」或「二比三」或「一比二」。

2. 馬上立意構思

閱讀理解的技巧，要先找「關鍵字詞」，劃線做記號，才能進行下一步的歸納、整合和分析，以及最後的評論。

(1) 第一步：找關鍵字詞

I. 倭寇威脅東南沿海。
II. 朝廷批准並加稅支持戚繼光組織新軍。
III. 戚繼光精神訓話，以感恩圖報進行道德義務的勸說。
IV. 「連坐法」的特殊賞罰原則。
V. 鼓舞士氣，建立自尊心和自信心。
VI. 必勝的信念有賴於能力和技術，從平時的刻苦訓練得之。
VII. 戚繼光的軍隊能戰無不勝，來自於卓越的指揮與部隊的素質。

(2) 第二步：將「關鍵字詞」歸納整合分析

I. 背景因素：十六世紀中葉，日軍化身的倭寇，肆虐我國東南沿海，大明朝廷支持戚繼光組織新軍，加徵稅收。

II. 戚繼光精神感召：對士兵進行訓話，強化道德義務勸說，戚家軍係招募鄉勇，非朝廷正規軍，要求保家衛國，以回報民脂民膏，成功建立鐵一般的紀律。

III. 務實縝密的軍法：施行嚴厲的「連坐法」，堅持殺一儆百的威嚇力，淬鍊不畏強敵的堅韌力。

IV. 落實賞罰的原則：制定獎善罰惡的真精神，著重在作戰中實質的功過，不在戰爭表面的勝負。客觀而賞罰分明，實際而不空泛。

V. 奮勇的戰鬥意志：紀律謹嚴，令出必行。戚繼光親臨督戰，曾經手刃領導不力的哨長，貫徹命令，最後大獲全勝。

VI. 強化軍心鼓舞士氣：重視士卒的自尊心和建立官兵的自信心，是治軍成功的一環。

VII. 重視平時的刻苦訓練：必勝的信念有賴於個人單兵的戰力與團體上下的合作、命令的貫徹，甚而戰鬥力與戰術力都是一步一腳印，全靠平日的訓練。

(3) **第三步：評論**

I. 具體而合理的提出自己的看法

i. 戚繼光卓越的領導才能是戰無不勝的主因。

ii. 能掌握軍心，道德勸說，曉以大義，強化士兵國家意識與責任感；讓官兵有志一同，堅持為民族而戰，為反侵略而戰，讓這場戰役有堅強的信念與目標。

iii. 施行連坐法，並以實際表現論賞罰，讓軍隊榮辱與共，成為萬眾一心的勁旅。

iv. 即使屈居劣勢，也能從容不迫，擊潰敵陣，大獲全勝。鼓舞士氣，也激勵軍心。

v. 戚繼光讓所轄的軍隊有自信、有尊嚴，以身為戚家軍為榮。促使在戰場上衝鋒陷陣，戰無不勝，攻無不克。

vi. 以強大的戰鬥力，加上正確的思想教育、嚴厲的紀律要求，建立民族自信心，多元多視角貫串戚繼光卓越的領導統御力。

vii. 其他：沒有朝廷的支持，將領的才能無從發揮，也是原因之一。

II. 評論時應該注意的事項

i. 「評論」是這題分數高低的重點，不可輕忽。

ii. 注意題目的兩句話：「分析戚繼光戰無不勝的緣由，並且提出自己的評論」，關鍵在「並且」二字，是連結上下句的轉折詞，表示應該對「戚繼光戰無不勝」這個主題進行評論，不要答非所問。可以有合理的延伸，但是故意擴大或偏離太遠，都不理想。

iii. 題目中所謂「並且提出自己的評論」，是針對「分析戚繼光戰無不勝的原因」

之後，提出自己的論述。很多考生會誤寫成對整篇材料的泛泛論述，或寫成戚繼光的豐功偉業，就無法聚焦，搔到癢處。

iv. 從命題要求來看，「評論」是鎖定在戚繼光所轄軍隊的「戰無不勝」，考生如果完全否定戚繼光「戰無不勝」的主題，這種全面顛覆的思維，就違背了命題要求。評論這一部分，有不少考生不得要領，關鍵在立意就出岔了。

3. 馬上選材布局

(1) 分析

分析戚繼光戰無不勝的緣由，主要關鍵在其卓越的領導才能，大致可分為下列幾點：

I. 以道德勸說，加強軍隊民族意識：激勵軍隊意志，創造鐵一般的心理素質。

II. 治軍嚴格，賞罰分明：實施嚴峻的連坐法，不以成敗論賞罰而以實際表現論功過。

III. 鼓舞士氣，鞏固上下軍心：讓戚家軍充滿自尊心和自信心。

IV. 指揮若定，激勵戰鬥意志：能鎮定指揮，扭轉頹勢，軍法從事，落實軍令。

V. 刻苦訓練，奠定士兵戰技：鍛鍊強健體魄，培養官兵的戰鬥力與戰術力。

另外，朝廷深感倭寇肆虐，事態嚴重，於是加徵新稅，大力支持組織新軍，也是戚繼光能放手去做，無後顧之憂的力量。

(2) 評論

一般而言，評論有三種方法，分別是：「輻射型評論法」、「脱胎換骨法」及「點線面發展法」。正常的謀篇布局，以第一種和第二種為宜。第三種雖然也能片面深入，但一般學生若不能拿捏得宜，很容易偏離主題意識，愈扯愈遠，收不回來。

I. 輻射型評論法：組織原材料的多元、多樣性，先總括後分應，多視角進行評論。

i. 總括

・戚繼光卓越的領導能力：具有前瞻力、領導力、指揮力、執行力。

ii. 分應

・前瞻力：有遠見、有實效的上書計畫，贏得朝廷的大力支持。

・領導力：道德性的心理建設、講求嚴謹的紀律、適當的鼓舞士氣等等。

・指揮力：貫徹軍令，執法如山，手刃哨長，不稍寬貸，最後大獲全勝。

・執行力：落實嚴峻的連坐法，一心一德；務實的賞罰原則，絕不僥倖。

II. 脱胎換骨法：消化原閱讀材料，以嶄新的文字鮮明包裝，活化論點。

i. 總說

戚家軍勇冠三軍，常勝不敗。戚繼光贏在：軍力、軍心、軍法、軍志。

ii. 分論

・軍力：平時刻苦鍛鍊，養成鐵一般的戰鬥力，嫻熟戰技，絕對戰鬥。

・軍心：涵養士兵心理素質，懂得感恩，全軍深明為何而戰？為誰而戰？

・軍法：治軍嚴明，訓練成鐵一般的紀律，軍法無私，絕對服從。

・軍志：鼓舞士氣，建立自尊心與自信心，一心一德，為民族而戰。

III. 點線面發展法：聚焦一個點，延伸觸角，以古喻今，透過材料作古今類比。這種以小喻大的手法，貴在如何把一滴水流成一條江。可以評論的焦點有：

i. 從戚繼光卓越的「領導統御」談起，學習他成功的帶兵哲學，複製到政治社會人生所用。

ii. 從戚繼光「嚴格的能力培養」談起，看落實各種專業能力的養成，確實嚴覈證照制度。

iii. 從戚繼光「道德教育的推行」談起，省思家庭教育、學校教育、社會教育，如何三育合一？建立與追求有品格的價值觀。

iv. 從戚繼光「嚴格的立法」談起，檢視時下詐騙集團的猖獗犯行、製造商漠視食品衛生的劣行事蹟；從大地震、土石流、風災水災，看公共安全堪憂之處。

v. 從戚繼光「強化民族自尊心和自信心」談起，反思哈韓、哈日、哈歐美，看民族自信心如何覺醒？

vi. 從戚繼光「執法從嚴」談起，沒有討價還價的空間，看種種官商勾結的魔高一丈、鑽尖取巧，以及主政者的執法從寬。

二、

我找尋的是美麗的、家常的用品，可是近十年來，在國內總找不到美麗的瓷碗可賞玩。市場上……這隻摔破的瓷碗，多年來一直在我心頭供著。（節錄自洪素麗〈瓷碗〉）

完整試題內容請參見大學入學考試中心網站

（https://goo.gl/X1TMBP）

●這一題寫不好的病灶在哪裡？

本題以「瓷碗」的素材為範圍，問了兩個問題，要求考生作答。問題（一）要求針對引文中瓷碗的描寫文字，選擇一件物品進行仿作；問題（二）要求考生就小說情節中的「打破瓷碗聲」當作話題，表達自己的詮釋。這個題目不利於文學表達力弱的考生，女生明顯優於男生，個人文學寫作素養優劣立判。

問題（一）解析——

1. 多數考生沒有找到「最好」或「最合適」的一件物品作為描寫的對象，就急著下筆。
2. 引文以兩隻瓷碗進行描寫，考生誤以為必須限制在兩件物品，徒增困擾。
3. 作者描摹瓷碗的筆調：簡潔、精細、清雅。考生依樣畫葫蘆，不敢大膽揮灑。
4. 有些考生還可能因為仿作的命題，自囿於「自己選購」，素材更加設限。
5. 多數考生以記敘筆法代替描寫刻劃，措辭無法展現雋永而引人遐思的魅力。
6. 平日缺乏「多觀察、多記錄、多聚焦」；文字的密度不足，寫物的力度就差了。

問題（二）解析——

1. 考生對於引文中妻子打破瓷碗的「不小心」，容易考慮太多，造成作答偏題。
2. 很多人對題目中的「詮釋」，當成「各說各話」的議論或批判，未切中問題。
3. 對於引文所含蘊的情境與感思，缺乏「適切精準」的判斷以及「說明闡釋」的能力。
4. 考生對於文學鑑賞的「言外之意」，沒有成熟的「解讀力」與「賞析力」，憂慮難決。
5. 妻子打破瓷碗的撞擊聲和丈夫回憶瓷碗的落地聲，未作緊密的扣合與聯結。
6. 對於經常想起那打破瓷碗的聲音，沒有把握以「夫妻分別詮釋」的謀篇布局。

●提供考生的寫作建議

問題（一）解析——

1. 關於問題（一），關鍵字詞在「描寫」

這一小題要抓緊以描寫文為主的寫作手法，命題要檢驗的就是描寫的基本能力。文學表達力強的考生，可以全以描繪為核心，進行全方位的描寫；基本文學素養弱一點的，想要強化文章的鮮明性，可以在描寫力的重點外，加一點「抒情」或「闡理」的延伸。閱讀這一段引文，要理解對於瓷碗的描寫，是配合文情的發展，自然而然地描摹瓷碗的「造型」、「花樣」、「色澤」。所以筆調不要太生硬，措語不要硬套不合適的修辭技巧，恰如其分就是美。

2. 第二個關鍵字詞是「仿作」，最好同時照顧到仿其「形」與仿其「意」

本題是靜物的描寫，作者採用「寫生法」的物體描寫。所謂「寫生法」，就是針對所選定的物體，進行真實的臨摹，這是最基本的物體描寫。既然是「仿作」，建議考生在閱讀完作者對於瓷碗的描摹之後，先仔細閱讀作者在第二段的瓷碗描摹是怎麼處理的？描寫物品的文字雖短，卻有變化，還運用了詳寫和略寫。最後三句是作者的簡潔說明。

3. 本題描寫的靜物可以任選；描摹手法不必設限

很多考生不管在傳統應考作文，還是這種新的國語文寫作能力測驗，寫作習慣經常背負著「標準答案」的心理；一旦要求考生自行選擇，這是大多數考生最無所適從的難處。只要突破了這一層障礙，其實也正是出類拔萃的最佳途徑。既然是「物體描寫的模仿」，考生要果斷的決定：第一、要選你最熟悉的物體；第二、力求細緻、精美、優質的多角度呈現。

問題（二）解析——

1. 關於問題（二），關鍵字詞在「瓷碗的落地聲」

這一小題測驗學生作文力的重點，是放在「鑑賞能力」。分開來講可以分成兩部分：一個是「解讀力」（閱讀的理解力），一個是「欣賞力」，就文學學習的階梯來講，這是比較高的進階層次。客觀的分析和主觀的鑑賞，都必須表達出「合理性」和「說服力」，這才是成功的應考寫作。先有妻子在離別前夕瓷碗的落地聲那一響，然後才會有丈夫獨在異鄉為異客的「懸念」，這個點必須扣緊。

2. 整題最重要的關鍵字詞在「詮釋」，你打算怎麼說？

「詮釋」是就內容來說的，必須精準、完整、透澈、精闢、周密，最後才能達到「精采」的境域。有的考生分析能力很好，這是比較屬於二、三類組傾向的考生；有的考生欣賞能力凸出，第一類組的考生筆觸比較敏銳。但是這一小題成敗的關鍵，正是在怎麼詮釋瓷碗的落地聲？這兩種能力的良窳，決定了分數等第的高低，既然「詮釋」是整合分析與欣賞這個題目的任務，那麼文學表達能力的培養，就很重要了。這兩部分要怎麼結合，要讓瓷碗說話，更要讓妻子的「不捨」與丈夫的「思念」說話。

3. 瓷碗的「落地聲」是問題（二）的焦點，也是含蓄的弦外之音

妻子因為丈夫明日即將遠行，一時心神不寧，不慎打破瓷碗。那一地瓷碗的破碎聲，成為丈夫失意在外，引起排遣不去的懸想，是這一小節情感最濃烈之處，也是情意最真的怨懟。此一內心世界含藏不露的響聲，透過妻子引發的意外，烘托丈夫異地的愧悔之心，是淒美的高潮。

●國寫這樣寫

1. 馬上審題

(1) 題目

問題（一）：根據引文中對兩只瓷碗的描寫，進行仿作。

問題（二）：對於引文妻子打破瓷碗及丈夫耳旁瓷碗落地聲的記憶，提出自己的詮釋。

(2) 審辨問題的旨趣，並決定文體

問題（一）：屬於「仿作型」的題目，限定以「描寫」為主的寫作。

問題（二）：屬於「闡釋型」的題目，針對情境的體悟與鑑賞，提出合理的想像，進行適當而周全的詮釋。

(3) 命題重點歸納整理

問題（一）：第一、引文描寫兩只瓷碗的特點是：簡潔、精細、清雅；第二、以閱讀瓷碗的描寫文字為基礎，選擇自己最愛的一件物品進行仿寫。

問題（二）：判讀川端康成微型小說情節，針對妻子打破瓷碗的落地聲以及成為他鄉求職丈夫懸念的聲響，掌握情感世界波瀾糾葛的情愫，進行精準而切當的闡釋。

(4) **文章仿寫（簡稱仿作）型的訣竅**

I. 文章仿寫是在檢測考生是否具備仿作好文章的語文表達能力，這是屬於「情意型」的測驗目標之一。文章仿寫是寫作的基礎能力，仿寫的特色是提供範例，讓考生仿作，並要求仿寫的形式或內容都能達到「形似」或「神似」的表達手法。

II. 事實上，學習的最初形式都是從模仿得來，寫字、畫畫、寫文章都是如此。就文章而言，模仿主要是表現形式的仿作。文章仿寫提供有「章」可循，有「法」可依，找到文章的訣竅，尋覓行文的門徑，這是文章仿寫的作用。但仿作不是最終的目的，仿作是為了培養寫作的能力。因此，仿作就是讓初學者從「文不成章」到「創作裕如」之間的過渡訓練。這樣看來，這個仿作的範例題，其實是很基礎的能力鑑別，我們高中生的國寫能力是不是要從零開始打底了呢？

III. 文章仿寫最忌呆板，亦步亦趨的套路手法，無法進入寫作的妙境。仿作在把握形式的要求下，內容的表現要有深度，要有形似或神似的功夫，更要寫出自己的特色，這樣才是成功的仿作。事實上，八十九年大考中心實施語文表達能力測驗的試考題，第三題就出現過仿寫型的寫作命題。詳見本書〈實戰3：語文表達能力測驗這樣寫〉。

IV. 以本題而論，困難點在於考生怎麼產出自己最鍾愛的一件物品？這裡提供一條捷徑，所謂的「最鍾愛」，不如說成「最熟悉」，或者「印象最深刻」的一件物品，在選擇上比較容易解套。最鍾愛也好，最熟悉也罷，平常沒有多觀察、多記錄、多思考，在考場上是無法神來一筆的。

V. 仿作的字數要求是：文長兩百五十至三百字，但引文中作者對其選購兩只瓷碗的描寫在第二段，總字數含標點符號，只有一百五十字。可見原命題的「描寫型仿作」，不是要求考生依樣畫葫蘆的模仿。考生必須在作者描寫的文字中，充分領會文章中的描寫能力，表現屬於自己「描寫物體」的能力。

(5) 詮釋情意與鑑賞的能力

從審題的角度來講，關於詮釋妻子打破瓷碗造成夫妻情感的緊密連結，必須充分體會文章所包含的情思：瓷碗落地聲的象徵意義何在？妻子打破瓷碗的可能原因？而男子在外奮鬥又得不到成就的心聲，又是怎麼從「哐——啷」，瓷碗落地的這一聲響，得到深沉而強大的呼應？「詮釋」和「鑑賞」可按「一比一」的比例原則，進行寫作。

2. 馬上立意構思

這一題屬於情意型的國寫，分成兩小題：(1)描寫仿作；(2)詮釋與鑑賞的寫作。

問題（一）解析——

(1) 確定描寫的主軸

I. 描寫是運用生動的語言，將描寫對象的樣貌、情態等適當描繪出來的一種表達方式。描寫要求語言生動逼真，描繪細膩具體。只有這樣，才能使讀者產生如見其人、如聞其聲、如臨其境的真切感受。

II. 在進行狀物描寫時，需要透過細膩的觀察，才能捕捉事物的靜態特徵和動態特色。對於事物的外貌、色澤、狀態，以及與周圍事物的關係、變化和活動等，做到徹底的掌握。一般我們說「狀物」，就是指描寫物體或者物品，範圍十分廣泛。只要是「物」，不管是動物、植物、物品、機械、建築物等都包括其中。

III. 描寫物體要注意三點：第一、要掌握物體的形狀，刻劃力求具體；第二、要做到逼真有趣，才能栩栩如生，引人入勝；第三、講究條理清楚，才會層次分明，達到一目了然的效果。

IV. 這一篇節錄自洪素麗〈瓷碗〉的文章，描寫瓷碗的段落，集中在第二段。我們可以仔細閱讀，看看作者是怎麼對文中的兩只瓷碗進行描寫。先概括後精細：「我在店裡挑了兩只比平常飯碗稍大的青花瓷碗，兩只都是青花色」，這是「概括」。

接著進行「精細刻劃」，由於是兩只新碗，所以分兩線進行：「一隻是手繪的，筆致落拓，草花離離」，文字比較簡明扼要；「另只是印花的，像印花布，碗內折曲斜線畫出兩種不同的花樣，像花青色日本和服腰下綁一條靛藍紋帶。碗背又是另一種更細碎的草花均勻灑開」，這一只青花瓷碗的描摹比較豐富鮮明細緻；最後以「說明」結束，「三種花並繪於一只碗上，並不覺得錯綜繁複，仍是簡單、明快而淨美。」

V. 問題（一）雖然要求以「描寫」進行仿作，如果你的描摹功夫到家，完全以曼妙的修辭摹寫，一定可以征服閱卷的評審們。如果只是普通到中上的寫作能力，建議可以適度而微妙的加入「抒情」或「說理」的元素，會有加分效果，但是記住篇幅不要多，點染就行，以免喧賓奪主。

(2) 確定仿作的主意

I. 這一篇引文出自洪素麗的〈瓷碗〉一文，以簡潔、精細、清雅呈現作者描寫的特有風格，可以說很優質又很清麗，很精鍊又很真樸。可以按照這種簡明雅致的文字進行仿作，也可以多元多樣的呈現：古樸的、精雕細琢的、鮮明的、亮麗的、誇飾的……只要有吸引力，統統都行，把你最拿手的描寫能力積極表現出來。

II. 引文以兩只青花瓷碗做為描寫的對象，仿作沒有相同數量的要求，考生可以選定一件、兩件或多件，端看個人習慣。由於字數要求在兩百五十至三百字，描寫能力到位的考生，可以選定一件物品，精當而優美的進行描繪；描寫能力不是特別凸出的考生，可以考慮多樣呈現。

III. 本篇描寫的主角是青花瓷碗，考生可以從工藝品等物件選擇，也可以從生活中找熟悉的物件，找深刻記憶、或有歷史情感、或父母禮物、或師長紀念品、或友人餽贈、或親人遺物……只要值得寫，只要有話可以說，簡單的、繁複的、貴重的、尋常的、新穎的、古拙的、龐然的、輕巧的……無一不可入題。

IV. 至於「最鍾愛的物品」，如果你有天天在把玩的、如果你有代代相承的傳家寶、如果你已經擁有特別紀念意義的信物、如果你有愛不能捨的收藏品，都可以定位為適當的寫作對象。其他如印象最深、難以抹滅、永恆記憶的，這些也都是好的寫作對象。理由是，透過筆端你有很多可以介紹描寫的動機，應考寫作的成功率相對就高。

問題（二）解析——

(1) 相較於問題（一）的仿作，問題（二）的立意構思就單純很多，題目是從引文的第四段產出的。這是川端康成的極短篇小說，命題要求考生：「對小說中妻子打破瓷碗以及男子耳旁恆常響起瓷碗落地的聲音，說一說自己的詮釋。」問題非常明確，清清楚楚，十分具有針對性。

(2) 這一題是具體而微的「從閱讀到寫作」，也就是十分簡短的「閱讀完材料，透過判讀、理解、分析、歸納，最後統整，進行詮釋、鑑賞或議論」的寫作要求。

(3) 這一題要求考生根據閱讀材料詮釋，第一步抓緊「瓷碗落地聲」是進行詮釋前的第一步線索，由於文字敘述很少，馬上可以釐清這是一對夫妻的故事，敘說著一段淒美的夫妻之情。

(4) 故事的第一部分：敘述一位即將離家遠行求職的男子，離家當天，沉默的妻子在廚房做飯準備餞別，不小心打破一只碗，男子聽到瓷碗落地的清脆破碎聲。故事的第二部分：敘述男子離鄉工作並不順利，飄蕩無成，經常買醉度日，醉歸，耳畔就響起那瓷碗哐啷的落地聲。

(5) 妻子送別當天在廚房做飯，準備為丈夫餞行，心情低落，不小心打破瓷碗，這都聽在獨坐另室的丈夫耳裡。等到丈夫異地他鄉，職場失意，內心得不到紓解，買醉之餘，內心深處對妻子的牽掛、愧疚自責的複雜情緒，都在一聲哐啷中，跌落谷底。考生要怎麼扣住這悲悽的苦悶，將這對夫妻的苦處，做最貼切的詮釋，是行文成敗的關鍵。

3. 馬上選材

問題（一）解析——

(1) **紀念性質的物品：**阿嬤的髮簪、爺爺的硯臺、阿姨的絲巾、媽媽的玉手鐲、老舊的存錢筒、阿公載貨的腳踏車、川流不息的風鼓、一把老鐮刀、外婆家的蓑衣、抽屜一角的老火車頭、缺角的石印、打過仗的水壺、老兵的馬靴、一把老鑰匙、奶奶的鼻菸壺、黑黃的雪茄菸斗、曾祖母的珍珠鍊子……

(2) **生活或擺飾的物品：**掛在牆上的古琴、滴答滴答的古鐘、金門來的菜刀、古意的老檯燈、祖傳五代的關刀、老鍋子、擀麵棍、玄關的玫瑰石、列祖列宗的老牌位、髮簪、斑剝的老茶壺、爺爺的線裝書、勝家縫紉機、會冒蒸氣的熨斗、大碗公、阿嬤和小妹妹的圍兜、大同電扇和大同電鍋……只要你最有感覺的，就是最好的主意。

(3) **其他：**任何具象的物品，只要考生有特別的經驗認知，其實都是入題的好素材。

問題（二）解析——

詮釋的材料都在引文第四段，考生必須在短短四行文字當中，找到最恰當適切的邏輯思考與推論，進而以感性的筆調、真摯的情懷、懇切的措辭以及美麗的筆觸，做最完美的鋪陳與渲染。

4. 馬上布局

問題（一）解析——

(1) 由於是描寫短文，既然是仿作，題目自訂，必須找最合適的素材，文章有限制字數，最好就在兩百五十字至三百字之間完成，最起碼要把握住「超過或少於正負十%」這個原則，也就是字數的上下限在兩百二十五字至三百三十字之間。

(2) 描寫文字求精緻而能脫俗、求新鮮而不突兀、求創意而不搞怪。在把握主題特質的前提下，善用文字組織，傳達美麗而高妙、清楚而鮮明的客觀摹寫是十分必要的。由於字數的關係，分成兩段、三段都是可以的。

(3) 雖然這是指定以「描寫」為範圍的仿作，就短文的限制性而言，要簡練不要複雜，要清楚不要冗亂。整體宜以描寫文字為主要的內容，可以適度地與「抒情」嵌合，也可以要言不煩地和「說理」搭上。描寫文字中原本就會有情感的自然流露，或者道理的體悟。第二段關於兩只瓷碗的描寫之後，不就是以「三種花並繪於一只碗上，並不覺得錯綜繁複，仍是簡單、明快而淨美」收尾嗎？

問題（二）解析——

(1) 這一題考生不會有無從作答的疑慮，但要怎麼寫得好、寫得周全、寫得出色、寫得面面俱到，這還真是個難題。細繹問題（二）所提出的問題，有一個關鍵詞「以及」，這個「以及」是連接詞，如同「和」、「與」的用法。

(2) 連接詞的兩端是對等關係，所以這個「詮釋」應該涵蓋兩部分：第一、女主角——妻子打破瓷碗的哐啷聲；第二、男主角——丈夫耳旁響起瓷碗落地聲。妻子與丈夫在篇幅布局設計與謀篇安排上，合理的分配比例應該是一比一。

5. 馬上寫作

問題（一）解析——

【參考寫作】

爺爺的線裝書

柱子上掛著爺爺親書的朱柏廬治家格言，背面就是書房，我從書櫃裡抽出一本昏黃灰舊的老線裝書，這是爺爺的爺爺留下來的。這本子比A4尺寸大一些，藍黑黑的皮兒，剛勁的「周易」二字，墨色濃烈，如龍遊走。經王之氣，古意難掩，周易的易，最後一筆如老者捋著鬚，說著久藏的精華。封面的右邊兒，打著四個洞，前後一線到底，緊緊繫著四條短線，百來年不絕如縷，那一線的香火周而易又易而周啊！

隱隱約約的八卦圖浮印，若有還無地嵌在正中央，八卦運於智，爺爺使過，爺爺的爺爺就更不在話下了。「典藏版」，周整不易；「卷一」，正是要我輩開卷有益啊！封面沒有花花草草的圖案，就那麼兩個大字，這周易五千年，我得用多少的力氣才扛得動您的遺傳。藍藍黑黑藏著八卦圖，這一線所裝的書，是老祖宗一口氣親手縫定的《周易》。

問題（二）解析——

(1) 妻子打破瓷碗

這是心神不寧造成的意外。妻子得知丈夫即將遠行，他鄉謀職以養家，心裡不捨又不能不捨，此去經年何時回家？內心沉痛不知如何是好？心緒複雜，徬徨無依，不知如何安頓？恐慌之餘，哐啷一聲，一個失神，瓷碗碎了，心也碎成一地。

(2) 丈夫耳旁恆常響起落地聲

這是罣礙、愧疚、深省的反映。男子羈旅在外，事業難成。酒後那心頭恆常響起的落地聲，是丈夫的牽掛與思念、怨懟與慚愧，記憶深處的那一聲響，是瓷碗的清厲聲，也是他內心的無助聲、內疚聲，更敲響了男子無邊的懸念聲。

卷五

一、

玩具是給小孩玩的，然而大人未始不可以玩；玩具是為小孩而做的，但藉此也可以看出大人的思想……《孝子傳》裡的老萊子彩衣弄雛，若不是為著娛親，我相信是最可羨慕的生活了。（改寫自周作人〈玩具〉）

完整試題內容請參見大學入學考試中心網站

（https://goo.gl/X1TMBP）

●這一題寫不好的病灶在哪裡？

關於「玩，我的玩具」這一題，要求開篇破題，闡述與體會「玩」這個主題，還要敘寫一項自己最喜愛的玩具，分享樂趣。本題要求與限制很多，考生要特別注意，力求面面俱到。大致有以下幾點值得警惕：

1. 首段沒有根據題目要求，從限定的兩組材料破題，只依照自己習慣或套路寫。
2. 首段要求特定的唐家姑丈與老萊子破題，很多考生下筆欠周整，沒處理好。
3. 對於唐家姑丈何以可愛的原因，以及老萊子彩衣弄雛的理解與詮釋錯誤。
4. 中幅對於「玩」的精神內涵，和自己對「玩」的體會太膚淺，立論太俗。
5. 沒有選擇好自己最有表現空間的玩具，間接影響了分享樂趣的內容表現。
6. 只敘寫「玩」玩具的過程，籠統浮泛，沒有深化內容，提升到「趣味」的境地。
7. 主題的選材太抽象或太廣泛，造成迂闊、乏味。如：大自然、人生、社會等。
8. 在文章的謀篇布局上，各個片段要求的寫作比例與篇幅，缺乏通盤的安排。
9. 本篇要求和限制很多，全篇的統整沒有做好綰合，造成支離破碎。

●提供考生的寫作建議

1. 「玩，我的玩具」這一題，關鍵字詞在「玩」，建議從「玩具」寫到「玩味」。

大考中心原本將本篇歸類為知性型，如同參考試卷一之二「我看尼古拉斯溫頓」歸類為情意型，同樣讓教學現場的國文教師們感到疑惑。建議考生進行寫作之前，要把引文和問題仔細看清楚，這一題第三小項的命題要求，嚴格來講，其實是情意型的範疇。所以，不要被知性型與情意型的框架給框死。實事求是，依照題目要求進行寫作，審題判斷要精準。

2. 要把引文中幾個事例的旨趣弄清楚：唐家姑丈、老萊子、小孩的玩具小兵與學者博物館的雕像。唐家姑丈為了營造兒子們唸書的情境，安排爛泥菩薩和夜糖，這與「真可愛」的連結，要做好邏輯分析。一個小孩在桌上排列他的玩具小兵，與學者在博物館整理雕像，都是「忘我的玩境」。老萊子的例子是假設性的思維，若不是娛親，就是忘老陶醉、樂在其中，是令人羨慕的生活。

3. 領悟其他人對勒蒙尼爾《玩具的喜劇》評論的關鍵句：「我今天發現他時常拿了兒童的玩具娛樂自己。」這個舉措就是忘我的「玩心」。這一段話和文章一開始的情境──「常聽祖父說唐家的姑丈在書桌上擺著幾尊『爛泥菩薩』，還有一碟『夜糖』」，有異曲同工之妙，可以相互輝映。

4. 大考中心原本把這一題放在知性型的範圍，第二部分理性的「推闡」與「論述」是重點。

第一部分引兩個事例做說明，用來做為全篇破題。那麼第二部分闡釋「玩」這個命題，表現在知性的論說上，就顯得很明確，而且十分重要。

5. 文章的後三分之一，要選定一個你最能表現的玩具，文章的豹尾才會大大的成功。選擇有發揮空間的玩具，才能很飽滿的呈現，並且能夠引起強烈共鳴的鮮明樂趣。

●國寫這樣寫

1. 馬上審題

(1) 題目

根據引文所述故事，以「玩，我的玩具」為題，寫一篇文章，抒發闡釋、體會，並舉例分享玩玩具時親身體驗的樂趣。

(2) 關鍵字詞

I. 整篇引文的關鍵字在「玩」：這個「玩」字牽動全文，它既是文章的線索，又是全篇的主旨。所以，除了必須緊緊扣住「玩」的旨趣之外，還要合理的深化「玩」的妙境，這一篇文章才會寫得卓越特出，贏得評審一致的喝采。

II. 這是一篇有多元面向要求的論說文，以三個部分的限制性論述，要求考生集中在「玩」這個焦點上，展現自己知性的推論與闡述，考生必須注意邏輯思考的「嚴謹性」與「周延性」。問題明確，限制性高，考生不能瞎扯，要有充實、精闢、完整、透徹的論述力，才算具有正面而完備迎戰的能力。

III. 審辨題目「玩，我的玩具」的玄機，注意這個題目的組成，它分成兩個部分：一個是「玩」，一個是「我的玩具」，中間加了一個逗點做區隔，文章的眼睛是第一個字——玩。

(3)

引文整理

I. 文章主軸：「玩，我的玩具」，玩具有很多觸角，引文也列舉了很多例子。「玩，我的玩具」重點在「玩」；引文中記敘了很多怎麼玩「我的玩具」的例子。怎麼呈現「玩」這個主軸，是這篇文章好壞的關鍵。

II. 唐家姑丈的「玩」：在書桌上擺著幾尊爛泥菩薩和一碟夜糖，都是不覺然的玩趣。

III. 《玩具的喜劇》的評論：「他時常拿了兒童的玩具娛樂自己」、「小孩在桌上排列他的玩具小兵，與學者在博物館整理雕像」，都是審美的玩趣。

IV. 老萊子的「玩」：《孝子傳》裡的老萊子彩衣弄雛，若不是為了娛親，是最純真、最可羨慕的玩趣。

(4) 寫作要求

I. 要求從說明「唐家姑丈何以可愛」、「老萊子若不為著娛親而彩衣弄雛，何以是最可羨慕的生活」進行破題。這意思就是要求考生從這個角度下筆，這是「限制性」的寫作。偏離這個材料起筆，就是離題。

II. 闡述「玩」的精神內涵，和自已對「玩」的體會。這一部分和第三部分是全篇最主要的部分，最少要分兩段來闡述，內容要「結實豐富」，大力展現「論述」的能力；文字要「精緻雅潔」，將道理說得「精當」，把體悟說得「透澈」。

III. 根據寫作要求，第三部分必須選定「一項」玩具進行描敘，然後發抒親身體驗的樂趣。如果玩具選得好又選得巧，有助於文章豹尾的美麗結束。

IV. 三個部分的篇幅比例，最好是「一比二比二」，段落安排也可以做如是觀。

2. 馬上立意構思

這一篇引文節錄自周作人〈玩具〉，引文材料一開篇就把「玩具」擴大延伸定位，「玩具是給小孩玩的，然而大人也未始不可以玩；玩具是為小孩而做的，但藉此也可以看出大人們的思想。有許多大人是愛玩玩具的……」起筆這一小節文字，已經暗示玩具不限定是小孩子的玩物，大人也可以玩，小孩和大人世界都有他們的「玩具世界」；其次，「藉此也可以看出大人們的思想」，這一句話導引出了「玩」的精神內涵，從「玩具」到「玩性」到「玩心」到「玩趣」到「玩味」。

從這一路去發想，就能將「玩」不知不覺地昇華到「物我兩忘」的境界。能達到這樣的昇華，「玩，我的玩具」，才算玩出一點名堂。

(1) 從測驗的目標來看，這一題的確是以推理闡論為主的說明文。主題就是「玩」，看考生能玩出什麼妙招？能玩出什麼層次？能玩到什麼境界？

(2) 玩玩具是一種本能，只要是小孩子都會玩。小孩子的玩是天真地、無目的地、自然玩賞地，從有形的玩具到無形的玩具，只要是孩子都會玩、愛玩、能玩，這種玩的過程是「自玩」，也是最美的玩心與玩性。

(3) 玩的過程在自娛自樂，樂此不疲。「玩」這個字，是弄玉以取樂，有習以為常，樂此不疲的意思。賞玩的過程自娛與自樂，它能給自己帶來快樂，讓人樂而忘返，自然而然地樂在其中。

(4) 無心的玩味才能自得其趣，玩的最高境界是物我兩忘。玩玩具可以忘我，扮家家酒可以忘我，玩到自得其趣，都在無心。玩具是我，我是玩具。玩能忘我、忘食、忘時、忘記目的，只有當下的所玩之味，這就是物我兩忘，是玩味的最高境界。

(5) 想真正覺悟人生的真諦，要美麗的玩出人生的況味。兒童的玩是「玩心」，青春的玩是「玩樂」，盛年的玩是「玩功名」，老年的玩是「玩味」。至於敗家之子，因為「玩世不恭」，不是「玩歲愒時」，就是「玩物喪志」。

3. 馬上選材

就寫作要求而言，這一題是「限制性」寫作，作文內容須符合三項要求：

(1) 第一部分的素材是固定不變的，每一位考生都必須詮釋「唐家姑丈何以可愛」、「老萊子若不為著娛親而彩衣弄雛，何以是最可羨慕的生活」破題。

I. **唐家姑丈何以可愛**：唐家姑丈兩件可愛的事，為了鼓勵兒子們讀書，以鄉下孩子取水田泥巴做成的玩具爛泥菩薩以及一碟夜糖，將書房營造出富有童趣的學習空間，讓嚴肅而乏味的背書充滿趣味。可見大人也可以保有童心，玩玩具。

II. **老萊子彩衣弄雛**（老萊子返老還童不是為了娛親，這裡是假設性的說法）：老萊斑衣、戲綵娛親、彩衣弄雛，這些都是說老萊子的故事，二十四孝之一。周朝有個人極為孝順，姓萊，名字已不可考，只曉得他是楚國人，人們都稱他為「老萊子」。老萊子生性孝順，盡心盡力，奉養父母，凡是吃的喝的，總是選擇極為甘甜柔脆的食物，在言行上也總是想盡辦法使父母愉悅。他雖然已經七十多歲了，但卻從不說自己年老，還常常穿著各種色彩鮮豔的衣服，故意裝作小孩子的模樣，在父母親身旁戲耍玩樂，並且在雙親面前戲弄小鳥，做出孩兒玩耍的樣子，以博得父母的歡喜。有時候，又挑了兩桶水到堂上來，故意跌倒在地上，那兩桶水也都倒翻了，衣服弄得水淋淋的，他就做出小孩子哇哇的啼哭聲，來逗弄父母開心地哈哈大笑。

(2) 第二部分，要闡述「玩」的精神內涵，和自己對「玩」的體會。玩具小兵與整理雕像：以兒童玩具娛樂自己。法國作家文集記載勒蒙尼爾《玩具的喜劇》的評論：「我今天發現他時常拿了兒童的玩具娛樂自己，這個趣味引起我對他的新同情。」又說：「一個小孩在桌上排列他的玩具小兵，與學者在博物館整理雕像，沒有什麼大差異。」這幾組引文中的例子：不分小孩成人，都有從「玩具」到「玩味」那種樂此不疲的陶醉經驗，可以在必要的時候做為佐證的基礎。

(3) 第三部分，要求敘述一項自己最鍾愛的「玩具」，可以自由選擇，這是文章優劣的另一個測驗。考生必須慎選，慎選的原則是：選自己最喜愛的、最熟悉的、最難忘的，在這個條件下，最好是「最鮮明」又「與眾不同」的。比較容易引起評審的青睞，也比較容易得到高的評價。玩具泛指可以用來玩的物品。玩具有不同的材質和遊玩形式，可以是自然物體，如：泥土、石塊、樹枝、貝殼等等；也可以是人工製作，如：布偶、卡牌、積木、拼圖、地球儀等等。

【參考寫作】

・石頭：排列出心目中的王國。

・玩具火車：地板、窗軌、書桌、天空……都是我內心任意遨遊的媒介。

・鉛筆：是我掌控的士兵，也是我的金箍棒。

・棋子：一盤棋局，是一場戰役，我是殺戮戰場的老英雄。

・積木：我是魔法大師，能把積木幻化成一座山、一個殺戮戰場、一座城堡、一個太空城……

・掃把：我是騎著戰馬的將軍，我是遨遊天際的巫師。

・撲克牌：誰都不知道我的底牌，我是深藏不露的國王。

・肥皂：我要以我的生命洗盡天下的不平。

・魔術方塊：社會人生，再複雜的變化，都掌握在我的手掌中。

・布偶：我不是真實的人，我喜歡表演真實的人生。

・沙包：沙包等著我的手，眼光隨著我的心。

・竹蜻蜓：輕輕一轉，我就飛上了天，沒有比這樣更接近天了。

・萬花筒：繽紛的世態，不如我的萬花筒亮眼。

・數來寶響板：數來寶、數來寶，有人編故事，有人說故事，有人聽故事。

・滾鐵輪：鐵輪滾啊滾，想去哪兒就去哪兒。

・陀螺：我的人生就是不停的旋轉，活著就是跳我的曼波。

・毽子：左踢、右踢、前踢、後踢，我只是踢我的浪漫與美麗。

・陶笛：悠悠的笛聲，我是與眾不同的雅樂。

・跳繩：人生像跳繩，只有保持節奏，才跟得上挑戰。

・黏土：不管社會險不險惡，我要捏出我的人間淨土。

4. 馬上布局

(1) **第一段：**根據命題的要求，以童心未泯的童玩童趣，鮮明地詮釋唐家姑丈的可愛。爛泥做成的菩薩，洋溢著虔誠的赤心；一碟糖果的犒賞，引起了兒子們的學習動機。如果我們把老萊子的娛親弄雛，當成是渾然忘我的玩趣，那麼我們何不再享受一回童趣，讓不帶任何目的性的玩興，陶然忘機，沉醉在渾然忘我的興味之中。

(2) **第二段：**闡述「玩」的精神內涵，任何形式的玩具，都要從自然而純潔的玩心出發，自在沉浸於沒有目的、沒有競爭、沒有勉強、沒有功利、沒有焦慮、沒有惶恐的玩興中，那種心凝形釋的沉靜，才能真正生發不造而造、自得其樂的情境，自娛其心，物我兩忘。我的玩趣就在任真的玩味中昇華。

(3) **第三段：**以自己的親身體驗，提出對「玩」玩具的體會。在我的「玩趣」與物的「玩具」中，要想達到「樂此不疲」的唯美境界，以及「陶然忘物」的美感經驗，先決條件是必須在不帶有任何機心、沒有任何功利企圖的自然賞玩中，才能玩出自在、自得、自娛、自樂的陶然真趣。

(4) **第四段：**根據限定的要求，必須提出「一項自己最鍾愛的玩具」。在前段選材的提示中，已經提供很多種可能的玩具，當然考生也可以在這些之外，另外做更好的選擇。這個素材除了數量詞的「一項」，還必須關顧到限制詞的「一個」，兩個或兩個以上，就多了也雜了，也不聚焦了，更重要是偏題了。這一個段落，可以安排一個確定的素材，做優質而精美的刻劃，在外形、作用、特徵、特殊性與功能性，或者其他具有吸引力的角度進行描敘。

(5) **第五段：**分享玩玩具時親身體驗的樂趣，重點在「樂趣」。「我玩，我的玩具」，要特別凸顯「我玩」的趣味，最好能再與引文中小孩的小兵玩具、學者在博物館整理雕像，甚至唐家姑丈等等相互呼應與扣合。最後務必以「玩具」和「玩味」的連結收束。以「玩」始以「玩」終，文章就會環環相扣（第四段與第五段也可以合併寫）。

二、

二〇一五年底，資策會針對國內有網路購物經驗的消費者，做了一系列調查……分析他們的網購行為。（資料參考資策會FIND〔2015.11〕）「雙十一系列調查：臺灣民眾線上購物經驗」調查）

完整試題內容請參見大學入學考試中心網站

（https://goo.gl/X1TMBP）

●這一題寫不好的病灶在哪裡？

「圖表判讀」並不是新題型，卻一直都是命題焦點，包括民國九十一年學測、九十三年學測。民國一〇七年國寫首次上路，第一題就考圖表判讀。大考中心最後一波公布一〇七年學測國寫參考試卷，增列了兩題，第一題是「玩，我的玩具」，第二題是圖表判讀。

圖表判讀這種題型是典型的語文表達能力測驗，未來還會不定期再出現。考生若沒有完全理解「語文表達力」與「文學表達力」的差異，就可能莫名其妙得到極低的分數。這一題的寫作，大致有以下幾點值得警惕：

1. 不明白「圖表判讀」的命題精神，過度賣弄文采，引用不必要的名言佳句入題。
2. 看不懂圖表的客觀資料，游談無根，浮泛說說，讓人霧裡看花，不知所云。
3. 只有計算圖表中的數字，沒有根據要求「兩相比較」，沒回答到問題的要求。
4. 花太多篇幅針對兩者進行分析，在推論部分篇幅太短，作答比例不均。
5. 沒有依據要求「請以條列方式依序分別作答」，寫成一團，條理不清楚。
6. 這兩小題都沒有字數限制，考生容易寫得太多，寫得鬆散，導致模糊焦點。

●提供考生的寫作建議

1. 關鍵字詞在「推論兩者的差異」，兩小題皆然

題目的要求說得很明白：第一小題比較不同年齡層兩大族群網購的人數比例，推論網購行為差異的可能原因；第二小題針對「衣服鞋子配件」與「書籍雜誌」，比較網購者在

國內外電商平臺的消費行為，推論兩者差異的可能原因。

第一小題的回答重點在：「推論兩群人數比例差異的可能原因」；第二小題回答的重點在：「推論國內、境外電商平臺消費差異的可能原因」。

2. 扣緊「從數字比較」和「推論兩者的差異」，不做分析

原命題要求第一題「僅須兩相比較、推論，無須逐一細做分析」。第二題雖然沒有再做同樣的文字提示，兩題寫作的要求是一致的。也就是說，針對兩者百分比的數字進行比較，然後推論產生差異的可能原因，這樣就好。

3. 在比較、推論之前，要有具體數字，才不會空談

雖然一看就可以算出百分比的數字來，而且這部分並不是問題的重心，但這是表述的要件。考生作答時，不論精算或概算比例，必須提出兩兩不同的數字。先提出百分比，後面接著的比較與推論才有著落。

4. 精準判讀，只回答一定要回答的，無關緊要的一律刪去

語文表達力的文字，第一個要求就是精準，和文學表達力的優美、想像、美感、浪漫不同。例如：第一小題鎖定「二十至三十九歲」、「四十至六十歲以上」兩個族群；第二小題鎖定「衣服鞋子配件」與「書籍雜誌」兩項，考生就在這個範圍回答問題，不要節外生枝。

5. 扣緊問題重心，提出鮮明立論點，準確合理，不要籠統、猶豫

不管是比較或是推論，都必須在客觀、合理、周密、完整的基礎上進行寫作。

6. 每一小題建議字數為「兩百至三百」

必須以「條列方式」依序作答，定大標題再簡要闡釋。

●國寫這樣寫

1. 馬上審題

(1) **題目**

I. 比較「二十至三十九歲」，與「四十至六十歲以上」，兩個消費群的網購比例，然後推論可能的差異。

II. 比較「衣服鞋子配件」與「書籍雜誌」兩項的網購者，推論國內與境外電商平臺的消費行為差異的可能原因。

(2) **關鍵字詞**

I. 這兩題的共同點，都是要求考生「比較」與「推論」，從兩項指定數據進行比較，然後推論可能的原因，是答題的關鍵詞。

II. 引文都是從完整的材料中，要求選取某一片段做為答題的範圍，考生必須審慎閱讀理解，判讀答題的關鍵點，才能對症下藥，恰到好處。

(3) **引文整理**

I. 材料來源：這是資策會針對國內七百零八位消費者的網路購物經驗，所做的系列問卷調查，並對這些人的網購行為做了客觀的分析結果。根據調查結果，做成一表一圖。

II. 第一題是從網購者的年齡層分布，要求從兩者進行比較，然後推論差異的可能原因。表一將網購的消費群，分成十個年齡層，分別顯示消費人數的百分比。

III. 第二題是就網購者在國內與國外電商平臺的消費數據，同樣要求從兩者進行比較，然後推論差異的可能原因。這是非常典型的圖表判讀題，測驗目標非常清楚。

(4) **關於圖表判讀**

「圖表判讀」，一說「資料判讀」，名稱稍異，講的都是同一回事。如果嚴格區分，圖表判讀的領域涵蓋「圖」和「表」，本題圖、表都有。有的則專考「圖」，有的專考「表」。例如：

I. 圖表判讀（出處：九十一年學測試題）

下圖顯示的是傳染病X從民國八十五年到八十八年各年度四季之間的發生率。圖的橫軸是不同年度，縱軸是每十萬人發生的個案數（單位：人數／十萬人）。請判讀本圖，歸納、分析它所傳達的訊息，並以條列方式陳述。

注意：（一）請分點列舉，力求簡明扼要。

（二）不必詳述具體數字。

II. 描寫與擬想（出處：九十三年學測試題）

下圖中人與蛙的神情、姿態十分有趣，請細細玩味後，

（一）各以五十字左右之文字描寫他們的神情、姿態。

（二）各以一、兩句話擬寫他們當下內心之所想。

注意：神情、姿態之描寫，與各自內心之所想，兩者之間應相關、呼應，不可風馬牛不相及。

這種題型可以根據命題者的「測驗目標」進行命題，大

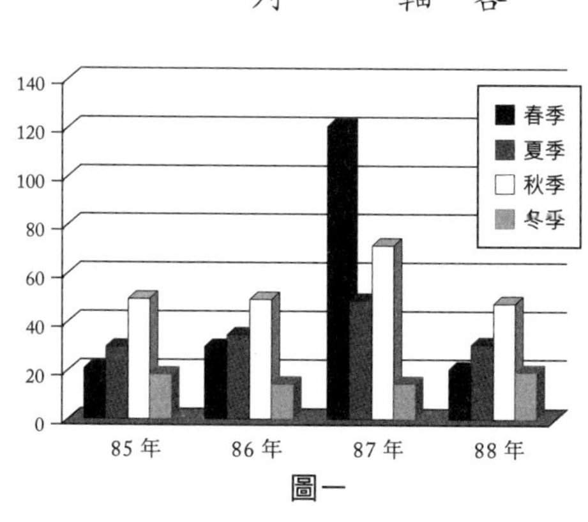

圖一

圖二

部分都是「限制性」寫作，大多必須根據題目所提供的材料進行客觀的判讀。如一〇七年國寫試辦試題和九十一年學測題，皆屬之。可是九十三年學測，〈劉海戲金蟾〉這幅圖的測驗目標，有「限制寫作」也有「想像寫作」。大考中心公布過的圖表判讀題，也的確包含這兩類的圖表判讀。

本題是「限制性」寫作，無額外選材的空間，考生只有根據原命題要求，客觀明確精準地進行比較與推論。布局必須在這兩項材料的範圍中進行謀篇布局與章法設計。

2. 馬上立意構思

(1) 第一題有針對性，這是限制性寫作。指定就「二十至三十九歲」與「四十至六十歲以上」兩個年齡層進行「比較」與「推論」，核心重點在「這兩個年齡層網購人數比例差異的可能原因」。「兩個年齡層」、「比較」、「推論」，這三部曲是考生要下筆之前必須歸納出來的寫作準備。

(2) 第二題也是有明確的寫作要求，同樣是限制性寫作，就六項消費類別中，指定其中兩項網購物品——「衣服鞋子配件」與「書籍雜誌」——比較網購者在「國內」與「境外」電商平臺的消費比例，推論兩者差異的可能原因。

(3) 這兩小題都需要「分別」敘寫兩者或兩項的百分比，根據計算出來的百分比進行比較，然後在這個基礎上，從「多角度」推論可能產生差異的原因。兩者或兩項的百分比和比較，可以併在一起寫，這是第一部分；另一個部分則放在推論。兩小題共同的「比較」和「推論」篇幅比例，一比一是比較合適的。

3. 馬上選材

問題（一）解析——

考生先根據表一所提供的訊息，進行閱讀理解，必須完全消化，算出百分比的準確數字，進行比較，才有「客觀的效度」與「合理的說服力」；這兩個步驟完成後，進行最後的推論，這樣才能產出「縝密」而「嚴謹」的思維，邏輯類推出高妙的見解。

(1) **根據資策會調查，我們可以得知：**

I. 表一中顯示二十至三十九歲網購消費群，在七百零八位消費者中的人數比例是七十七．六%，大約占八成。

II. 表一中顯示四十至六十歲以上網購消費群，人數比例是十八．五%。大約占兩成。

III. 從以上百分比數字，我們可以歸納得知：二十至三十九歲的網購人數比例，大約是四十至六十歲以上消費群的四倍。

(2) **推論：**以上是第一題：二十至三十九歲和四十至六十歲以上網購比例的基本數據和客

觀性比較。對於二十至三十九歲和四十至六十歲以上消費者網購比例的差異，可以做以下推論：

I. 網路操作能力的差異：二十至三十九歲族群正是網路世代，對電腦與網路的操作較熟悉；四十至六十歲以上的網購消費群，電腦與網路的操作能力比較貧弱、陌生。

II. 流行認知的差異：二十至三十九歲族群正處於網路、電子產品普及化的時代，也正是網購大流行的時間點。課業學習與電腦密切連結、職場工作忙碌，這個年齡層傾向便捷快速的網路購物。四十至六十歲以上的消費習慣比較傳統，對於使用網路和智慧行動裝置顯得比較生疏。

III. 交易信任的差異：二十至三十九歲消費群對網購機制較信任，懂得保護自身的權益，熟悉網購退貨換貨手續；四十至六十歲以上消費群對網路交易充滿不安全感。

IV. 消費習慣的差異：二十至三十九歲消費群勇於嘗鮮，對於網路上許多新鮮有創意的商品有興趣。四十至六十歲以上消費群習慣在實體商店採購，看得到、摸得著，能試穿、能試吃，才放心選購。

問題（二）解析——

第二題的選材布局和第一題，幾乎是一樣的思考，也就是先統計「衣服鞋子配件」與「書籍雜誌」的百分比數據——根據實際計算出的兩個數字，比較網購者在國內與境外電商平臺的消費比例，然後再推論兩者差異的可能原因。

(1) **根據資策會調查，我們可以得知：**

I. 圖一中顯示，境外電商平臺消費情形，在「衣服鞋子配件」這個項目網購百分比是五十．六％，而國內電商平臺消費情形，則是四十二．五％。

II. 圖一中顯示，境外電商平臺消費情形，在「書籍雜誌」這個項目網購百分比是十三．九％，而國內電商平臺消費情形，則是三十四．九％。

III. 從以上百分比數字，我們可以歸納得知：

i. 衣服鞋子配件消費情形的百分比，境外電商平臺比國內電商平臺高出八．一％。

ii. 書籍雜誌消費情形的百分比，國內電商平臺比境外電商平臺高出二十一％。

(2) **推論**

I. 根據圖一，網購者在國內、境外電商平臺消費情形顯示：

i. 「衣服鞋子配件」項目，境外電商平臺比國內電商平臺高出八．一％。境外稍高於國內電商平臺。

ii. 「書籍雜誌」項目，國內電商平臺比境外電商平臺高出二十一％。國內電商平臺明顯高於境外電商平臺。

II. 「衣服鞋子配件」項目，國內與境外電商平臺消費差異的可能原因：

i. 向境外電商購買，價格比較便宜。

ii. 境外品牌繁多，款式多元，可以提供更多樣的選擇。

iii. 境外領導流行，滿足消費者對於流行時尚的追求。

III. 書籍雜誌項目，國內與境外電商平臺消費差異的可能原因：

i. 中西文化的隔閡，國內仍以閱讀中文為主。

ii. 語言能力的因素，消費者多半閱讀翻譯書籍。

iii. 境外書籍價格高出甚多，購買意願不高。

iv. 需求問題，國內需要閱讀原文書的人口有限。

4. 馬上布局

問題（一）解析——

(1) **第一段**：開門見山直截了當地提出：根據二〇一五年資策會網購行為調查數據，關於網購行為，二十至三十九歲的消費群，遠遠多於四十至六十歲以上的消費群。

(2) **第二段**：先統計出二十至三十九歲的網購族，在七百零八位消費者的人數比例中是七十七・六%，大約占八成。四十至六十歲以上網購的消費群，人數比例是十八・五%。大約占兩成。

歸結出二十至三十九歲網購消費群，大約是四十至六十歲以上網購消費群的四倍。

(3) **第三段：**提出推論

I. 網路操作能力的差異。

II. 流行認知的差異。

III. 交易信任的差異。

IV. 消費習慣的差異。

(4) **第四段：**簡潔扼要作結。

問題（二）解析——

(1) **第一段：**總括

「衣服鞋子配件」及「書籍雜誌」在國內與境外電商平臺消費情形上，各有表現，各有不同的差異結果。

(2) **第二段：**比較

I. 「衣服鞋子配件」項目，境外電商平臺比國內電商平臺，高出八・一%。境外稍高於國內電商平臺。

II.「書籍雜誌」項目，國內電商平臺比境外電商平臺，高出二十一%。國內電商平臺明顯高於境外電商平臺。

(3) **第三段：**「衣服鞋子配件」項目，國內與境外電商平臺消費差異的可能原因。

(4) **第四段：**「書籍雜誌」項目，國內與境外電商平臺消費差異的可能原因。

(5) **第五段：**針對「衣服鞋子配件」和「書籍雜誌」兩種消費項目的不同表現，來作客觀的總結。

◉實戰5

未來國寫題型這樣出

國寫獨立成為一個考科，國文考科結結實實地跨出了一大步。

其實，民國八十九年考生自費參加的語文表達能力測驗，就是一場關鍵的試金石，也是準備好將國文考科分成兩個考科的模擬試卷，後來因故時程延後，一直到民國一〇七年才順利實施，「國語文寫作能力測驗」正式掛牌。選擇題與非選擇題，分成兩個場次實施，但是配分各占一半，計分仍然算為一科。

新的作文考試型態啟動了！這種標榜「從閱讀到寫作」的新題型，本書全部一題一題詳為解析，包括一〇七年學測國寫題、一〇六年國寫試辦試題、一〇六年國寫參考試卷五卷十題。另外，還特別選錄八十九年語文表達能力測驗（自費）。

歸納歷屆學測與指考的非選擇題（作文），我們得到一個很簡單的答案，那就是作文也好，非選擇題也好，語表也好，國寫也好，其實它們存在息息相關而且密不可分的關係，簡單地說，就是脫不了干係！

比如說：一〇七年國寫題，第一題就是圖表題，要求判讀「資訊記憶的位置與內容」。其實這種題型，在九十一年學測「傳染病」、九十一年學測補考「昆蟲」，早就出現了。

特別值得一提的是，一〇六年國寫參考試卷五之二「消費統計」也是同一類題型，可見大考中心不怕考生知道國寫要考什麼。

比如說：一〇七年國寫題，第二題問題（一）「夭」，是詩歌詮釋型，在一〇六年國寫試辨試題的「花開花謝」，就明白傳遞同一類訊息了。

比如說：一〇七年國寫題，第二題問題（二）「季節的感思」，命題文字這麼說：「楊牧的〈夭〉透過感官描寫，傳達季節的感知，請以『季節的感思』為題，寫一篇文章，描寫你對季節的感知經驗，並抒發心中的感受與領會。」

說穿了，其實就是要考生也來一篇仿作。民國八十九年語表的「窗外」，不就是仿作題（文章仿寫）嗎？民國一〇七年國寫命題，仍然可以和民國八十九年聯繫起來。

這樣看來，從民國八十三年以後的學測非選擇題「作文」，一點都不落伍。「語文表達能力測驗」和「國語文寫作能力測驗」；「語文表達力／文學表達力」與「知性型／情意型」，其實大同小異，都是一個系統，題型容或有所改易，測驗目標幾乎是完全一致的。

基於如此，我們想到未來國寫題型究竟會怎麼出？萬變不離其宗，莫非是推陳出新。所以，「語文寫作」與「文學寫作」的測驗，是不變的大方向。以下約略歸納出二十種題型，這是近二十幾年自有學測以來，一直持續開發的題型。雖然並沒有全部包括，但代表性的題型都在這裡了。

走對了樓梯，一步一步沿階而上，一定上得了樓。祝大家更上一層樓！

1. 資料整合

資料整合型，分別見於八十五年學測「再生紙」、八十六年學測「人與自然」、九十一年學測補考題「喜憨兒」，以及一〇六年國寫參考試卷二之一「創造與發現」。

以八十五年學測「再生紙」題型為例：本題是經典的資料整合，有人說成資料整理，意思是一樣的。各題容或有不同的寫作要求，一般而言，大同小異。

說明：閱讀下列資料，綜合各則要點，重新組織，以「再生紙」為題，撰寫一篇四百字（含標點，不必抄題）以內的白話短文，以發揮資料中的觀念。

▲「環保」這個話題，近年來在全世界引起廣大迴響，多年來人類罔顧「環境倫理」，對大自然任意破壞，導致地球生態環境的失調。……以被稱為「地球之肺」的熱帶雨林為例，平均每一秒鐘就有一個足球場大小面積的森林被砍伐，而其砍伐的速度卻遠超過樹木的生長速度，面對此種情形，消失中的森林已逐漸成為世界共同的隱憂！

▲「再生紙」，廣義而言，就是把廢紙回收處理後再製成的紙，其中又分工業用再生紙及文化用再生紙。……就紙漿來源來看，雖然國內一九八九年廢紙回收量高達四十五％，居世界第一，但每年仍必須自國外進口大量廢紙，其原因不外乎國內廢紙

回收沒有分類，或者是分類不合乎紙廠處理條件而導致了資源的浪費。如果能將國內廢紙妥善回收，則可節省每年進口紙張的巨額外匯，更可減少垃圾產量及延長垃圾場使用年限，可說是一舉數得，故在廢紙回收的流程中，分類是一個極重要的關鍵。

▲廢紙再生過程較原木製漿可減少七十五%，廢紙再生過程較原木製漿可減少七十五%，廢紙再生過程較原木製漿可減少七十五%的空氣汙染、三十五%的水汙染。除此之外，省略了漂白處理的原色再生紙，對環境的汙染可降到最低點。基於以上的環境保育觀念，「再生紙」在歐美、日本早已大行其道，例如西德已採用「再生紙」做為電腦報表紙，比例達三十七．一%。美國政府立法規定新聞用紙、化妝面紙須攙入一定比例的「再生紙」。日本東京都政府下令，所有影印用紙一律使用「再生紙」；甚至森林資源豐富的北歐瑞典，「再生紙」的使用也極為普遍。

▲森林是生命之源，近年來溫室效應逐漸導致了全球性的氣候轉變；森林的大量伐採也使得土壤流失，水循環被破壞。而造紙卻是森林的主要用途之一，紙張的消耗量更成了衡量人民生活水準的指標。在此種惡性循環下，自然原則被破壞，人類生存環境受到嚴重威脅，所以多一個人使用「再生紙」就可多救活一棵樹，多救活一棵樹就可以讓地球更雄壯的呼吸。

▲「沒有任何一棵樹，因為你手中這本書而倒下。」在您看完此篇文章，希望您也能夠響應再生紙的使用，讓下一代依然能有一個美麗而青翠的地球。

（以上節錄楊婉儀、陳惠芬、陳雪芬〈二十一世紀的良心用紙——再生紙〉）

▲從環境成本的角度來看，再生紙是相當經濟的。根據臺北市政府的調查，臺北市垃圾中廢紙占三十五．六％，換算後每日有高達一千公噸以上的廢紙送入掩埋場；回收廢紙再製可直接減少掩埋場的容積壓力。

▲若從社會成本的觀點來看再生紙，那它的成效更是驚人。目前國內一噸垃圾的運輸費用大約是兩千多元，而一公斤垃圾的焚化費用，約是五至七元，而廢紙的回收量一年為一百八十萬公噸。換言之，再生紙的推出不但達到垃圾減量的目的，一年更節省了一百四十多億元的成本。（以上節錄施榮華〈再生紙環保嗎〉）

▲生產一噸紙張，約需高度八公尺長、直徑十六公分之原木二十棵。一棵用於製漿之樹木，平均須經二十年到四十年的風吹雨打，才能成長到可供使用。如果只寫幾個字就被丟棄實在是暴殄天物，能加以回收利用，發揮樹木更多的生命價值，那就是功德了。若以目前國內每個月約兩萬噸的模造紙市場，也就是每年至少需要砍伐四百八十萬棵樹。如果能夠以再生紙取代，則不但垃圾可以減量，森林也會因為減少砍伐，而對資

源水土之保育，及環境生態之平衡產生更大助益。（節錄黃修志〈再生紙的推廣〉）

題型分析——

本題題目雖標為「閱讀寫作」，就實質內容的寫作要求來看，應屬於「資料整合」的題型。「資料整合」是文章縮寫的進一步運用，在八十九年語文表達能力測驗中，第二題為「文章整理」，類似「資料整合」的題型，大考中心在各個不同年度的試卷中，也常有不同形式的「資料整合」題。

這種題型的產生，緣於大考中心研究發現，臺灣地區的大學生——無論哪一個領域的學生——語文表達能力普遍不佳。在過去應試作文大量以說明文命題的影響下，考生習於應付聯考作文，套公式、背資料、整理名言佳句，囫圇吞棗之餘，然後洋洋灑灑、出口成章；要不就是天馬行空、胡扯瞎蓋，等於類似報紙剪報，現學現賣，很少從自己的大腦裡，走出一套嚴謹的邏輯思緒。

等到進入高等學府後，蒐集資料找不到重點，全書摘要無法歸納整理，所以，大考中心特別要檢驗考生的資料整合能力。考生不必發揮太多的想像，只要根據所提供的八則資料做整合，歸納重點，重新組織文句，就能寫出完整的文章。偏偏這種基本的閱讀、消化、整理、歸納、組織的功夫，是當今中學生最弱的一環。從現在起，要認真的面對這種題型，多做訓練，同時也培養語文表達能力的真功夫。

2. 設定情境寫作

設定情境寫作，簡稱「情境寫作」，題型分別見於：八十八年學測「餐桌上的魚、水族箱中的魚」、九十一年學測「老人日誌」、九十二年學測「香米碑」、九十三年學測「何義士」、九十五年學測「雨季的故事」，以及一〇六年國寫參考試卷三之二「同學會」。「情境寫作型」的文章，是預先設定某種假想的情境，要求考生根據說明或引導文字，完成指定的寫作。

以八十八年學測為例：題型標為「短文寫作」，就說明文字來看，屬於「情境短文」。

以下是有關「魚」的兩種不同情境，請選擇其中一項，寫一段散文，可以從「人」的角度寫，也可以從「魚」的角度寫，文限兩百至三百字之間。

（一）餐桌上的魚（二）水族箱中的魚

題型分析——

本題以「魚」做主題，設定了兩種不同的情境，沒有標準答案，考生可以恣意馳騁，發揮想像空間。文體可以是說明文，也可以是想像的記敘文。打算以記敘行文的，可以考慮運用擬人的手法。一般而言，記敘文比說明文討喜。

本題由於同時開放可以從「人」的角度，也可以從「魚」的角度寫作，所以寫作的觸角多元，方向多樣，考生可以決定一個自己最拿手、最擅長的角度與方向來鋪寫。

3. 圖表判讀

圖表判讀型，分別見於九十一年學測「傳染病」、九十一年學測補考「昆蟲」、九十三年學測「劉海戲金蟾」、一〇四年學測「李白望月」、一〇六年國寫參考試卷五之二「消費統計」，以及一〇七年學測「位置與內容」。

以九十一年學測「傳染病」為例：

下圖顯示的是傳染病X從民國八十五年到八十八年各

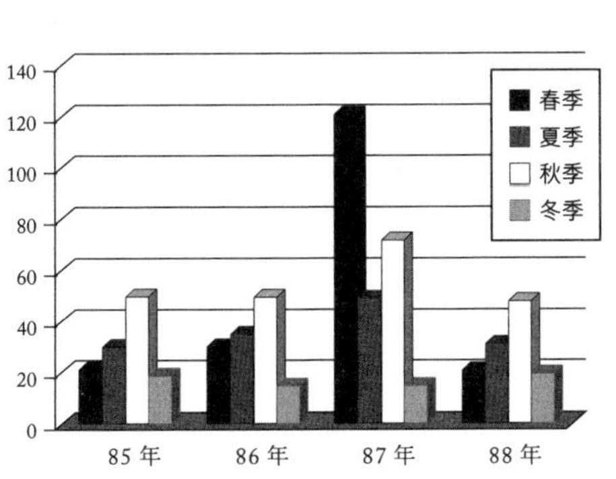

年度四季之間的發生率。圖的橫軸是不同年度，縱軸是每十萬人發生的個案數（單位：人數／十萬人）。請判讀本圖，歸納、分析它所傳達的訊息，並以條列方式陳述。

注意：（一）請分點列舉，力求簡明扼要。

（二）不必詳述具體數字。

題型分析——

本題「圖表判讀」，主要在測驗考生基本句子的組織與表達能力。本題要求歸納、分析長條圖中所傳遞的訊息，並以條列方式扼要陳述。因此考生必須歸納圖表中八十五年到八十八年三年的共同現象，並提出八十七年的特殊現象，轉換成文字，逐條列舉，才能符合命題的要求。如：

(1) 除八十七年外，八十五、八十六、八十八年春、夏、秋季傳染病X發生率依次增高，冬季則偏低。

(2) 八十七年春、夏、秋季傳染病X發生率，比八十五、八十六、八十八年高，尤其以春季為甚。

4. 閱讀理解

閱讀理解型，分別見於八十七年學測「八面玲瓏」、九十四年學測「穴鳥」、九十七年學測「移動的觀點」、九十九年學測「秋」、九十九年指考「屈原」、一〇〇年學測「古松」、一〇一年學測「心教」、一〇二年指考「人德與天德」、一〇三年學測「品味」、一〇三年指考「青年和科學」、一〇六年學測「教育應該不一樣」、一〇六年國寫參考試卷二之二「書和我」，以及一〇六年國寫參考試卷五之一「玩，我的玩具」。以八十七年學測「八面玲瓏」為例：

請先閱讀下列短文，然後回答問題。

昨遊江上，見修竹數千株，其中有茅屋，有棋聲，有茶煙飄颺而出，心竊樂之。次日過訪其家，見琴書几席，淨好無塵，作一片豆綠色，蓋竹光相射故也。靜坐許久，從竹縫中向外而窺，見青山大江，風帆漁艇，又有葦洲，有耕犁，有饁婦，有二小兒戲於沙上，犬立岸傍，如相守者，直是小李將軍（唐朝山水畫家李思訓）畫意，懸掛於竹枝竹葉間也。由外望內，是一種境地；由中望外，又是一種境地。學者誠能八面玲瓏，千古文章之道，不出於是，豈獨畫乎？

乾隆戊寅清和月，板橋鄭燮畫竹後又記。（鄭燮〈遊江〉）

請依據上文旨意，對文中「八面玲瓏」之意加以闡釋發揮。文長不限。

題型分析——

這一題標題為「闡釋」題，旨在測驗考生的段落組織與表達能力。仔細閱讀之後，考生可以根據自己的見地與聯想，做廣度與深度的發揮。雖然「文長不限」，但根據提示與要求來看，應以短文寫作為宜，以精緻的內容、細膩的筆調、真誠的感懷為方向，述說自己對鄭燮〈遊江〉這一段的獨到思維，是比較恰當的因應之道。

「八面玲瓏」本為通透圓融之意，後轉以形容為人圓通周到，而稍具貶意。作者書寫一次「遊江」的經驗，先是被「修竹數千株，其中有茅屋，有棋聲，有茶煙飄颺而出」所吸引，這是「由外而內」的美麗經驗。等到次日過訪其家，「從竹縫中向外而窺，見青山大江，風帆漁艇……直是小李將軍畫意，懸掛於竹枝竹葉間也。」這是「由（屋）中望外」美的發現。

人生處處有美感、有境界，只要把握當下，佇足其中，通透體會，物我融合，時時處處都會有一場唯美的饗宴。對景如此，對於生命的體會如此，對於人生哲理的體悟亦是如此。生命的廣度、深度、密度，原本都在我們尋常日用之間，只要你肯用心去看、專心去想、細心投入，人生處處有驚喜。

5. 立場選擇

立場選擇型，分別見於八十七年學測「流行」、八十九年大學聯考考題「時間與金錢」、九十一年指考「出處進退」、九十六年學測「玫瑰與日日春」、九十八年學測「蘇麗文與邱淑容」、一〇六年指考「人才流動」，以及一〇六年國寫參考試卷三之一「畢卡索」。以八十九年大學聯考考題「時間與金錢」為例：

根據最近一份調查顯示：如果在「金錢」與「時間」中要做一個選擇，世界上有五十二%的人都會選擇「錢」；但包括印度、菲律賓、泰國、越南等許多亞洲開發中國家的人，卻希望擁有更多的「時間」而非「金錢」。如果讓你在兩者之間選擇其一，你會選擇什麼？請寫一篇兩百字左右的短文，說明你的選擇與理由。

題型分析——

這是一篇議論型的短文，而且限定在兩者之中選擇一種立場寫作，字數只有兩百字，考生必須以高度凝鍊的文句進行寫作，才能結實有力、周延中肯。不管你選擇「時間」或「金錢」，都有發揮的空間。由於體裁是議論文，沒有對錯是非，只有合理不合理，以及具不具有說服力。

議論文以「主觀的論述」為主要的寫作特性，每一個人都可以建構一套自己的主張，論點要有「鮮明性」，論據要有「代表性」，論證要有「說服性」。措辭要「謹嚴雅潔」，構思要「周密精當」，立場要「堅定凸出」，思想要「言之確鑿」，層次要「完整連貫」，筆調要「流利練達」，文字要「概括簡練」。區區兩百個字，想要擲地有聲，每一句話都要細心推敲。大膽駁論，小心立論，或破或立，都要一貫而下，不能有半點遲疑。

6. 應用寫作

應用寫作型，分別見於九十二年學測「閱讀推動計畫」、九十三年學測「求職信」，以及九十七年學測「應用寫作」。

以九十七年學測「應用寫作」為例：

閱讀下文，試以楚國、齊國或第三國記者的身分，擇一立場報導此事件，不必擬新聞標題。文長限兩百五十至三百字。

晏子使楚，以晏子短，楚人為小門于大門之側而延晏子。晏子不入，曰：「使狗國者，從狗門入；今臣使楚，不當從此門入。」儐者更道，從大門入，見楚王。王曰：「齊無人耶，使子為使？」晏子對曰：「齊之臨淄三百閭，張袂成陰，揮汗成雨，比肩繼踵而在，何為無人？」王曰：「然則何為使子？」晏子對曰：「齊命使，各有所主，其賢者使使賢主，不肖者使使不肖主。嬰最不肖，故宜使楚矣。」

題型分析——

題目要求從三國記者的身分，選擇一個立場報導，所以內容將會因為不同國家的立場而有所差異。

因此，下筆之前，要先確立記者所屬的立場，才不會有自相矛盾之虞。

(1) **楚國的立場**

從楚人與楚王的行為來看，原本打算羞辱晏嬰，所以在新聞報導的處理上，至少可以有兩種考慮：

I. 因反遭晏嬰羞辱，所以新聞報導的角度可採取避重就輕、輕描淡寫的處理手法。

II. 也可以考慮從晏子身材矮小的事實加以渲染。

(2) **齊國的立場**

晏嬰代表齊國出使楚國，卻受到惡意的羞辱，至少也可以有兩種思考：

I. 晏嬰對答如流，機智巧妙，順利完成外交使命，所以寫報導的構想可以定位在外交的勝利。

II. 也可以強化晏嬰受到羞辱之事，以凝聚齊國人同仇敵愾的心，甚至可以提出強烈抗議來進行報導。

(3) **第三國的立場**

最好以超然、客觀、平正的立場，當作一則國際新聞來進行報導，強調國與國之間應互相尊重。筆調要公正，不能有所偏頗。

要先思考並確立自己寫作的立場，究竟是要選擇客觀理性的報導，還是選擇稱讚晏嬰的機智反應，抑或選擇同情楚國的難堪；要明確果斷的定調，選擇自己喜歡的角度進行寫作，比較有優勢。

綜合來說，新聞寫作貴在忠實地陳述事件始末，報導者能自行變造或改異。一般應注意人、事、時、地、物齊備。可是就本題來說，由於考生不一定清楚時代背景，所以只需要具備人物、場景、事件三者。

在人物方面，當事者是齊、楚兩國，主角是晏嬰；在場景方面，事件發生的地點是楚國都城；所發生的具體事件，是齊國使者出使楚國，兩國發生兩次衝突：其一是楚國以開小門羞辱晏嬰，其二是楚王諷刺齊國無人。

對齊國而言，晏嬰身為外交使者，兩次均能以機智的辯才維護國家與自身尊嚴；對楚國而言，則是兩度有意製造事端卻自取其辱。如果選擇齊國的立場，寫作上應該比較容易；如果選擇以楚國的立場進行報導，難度似乎比較高，措辭選材都必須審慎謹嚴；如果從第三國記者的角度切入，比較有利於持平客觀。

無論考生選擇何種立場，都須注意報導的視角要「清楚」，敘述的觀點要「首尾一致」。寫作的內涵既然是模擬記者報導，因此敘述事件、表現情境時，必須力求具備臨場感，用語要「精準」、「簡潔」、「清晰」。

7. 文章賞析

文章賞析型，分別見於八十九年學測「八通關種種」，以及九十六年學測「記憶像鐵軌一樣長」。

以九十六年學測「記憶像鐵軌一樣長」為例：

仔細閱讀以下的文章，分析作者如何藉由想像力，描述搭火車過山洞時所見的景象與感受。文長限一百至一百五十字。

鄉居的少年那麼神往於火車，大概因為它雄偉而修長，軒昂的車頭一聲高嘯，一節節的車廂鏗鏗跟進，那氣派真是懾人。至於輪軌相激、枕木相應的節奏，初則鏗鏘而慷慨，繼則單調而催眠，也另有一番情韻。過橋時俯瞰深谷，真若下臨無地，躡虛而行，一顆心，也忐忐忑忑吊在半空。黑暗迎面撞來，當頭罩下，一點準備也沒有，那是過山洞。驚魂未定，兩壁的迴聲轟動不絕，你已經愈陷愈深，衝進山嶽的盲腸裡去了。光明在山的那一頭迎你，先是一片幽昧的微熹，遲疑不決，驀地天光豁然開朗，黑洞把你吐回給白晝。這一連串的經驗，從驚到喜，中間還帶著不安和神祕，歷時雖短而印象很深。（余

光中〈記憶像鐵軌一樣長〉）

題型分析——

要求分析余光中的〈記憶像鐵軌一樣長〉，評閱的重點應該在作者「過山洞」這一段落，如考生能充分列舉具體實例，分析作者描寫搭火車「過山洞」時運用比喻、象徵和轉化的手法，大致就能把握住本題的寫作重心。

試題明確規範答題的切入點「過山洞」，使考生掌握文章精華，發揮分析表述的能力。考生作答時，應注意題幹的「想像力」、「景象與感受」等語，故在引文描述「過山洞」的一段文字中，可以選擇意象如「盲腸」，說明它是作者發揮想像力所創造出來的比喻，既寫山洞的狹長，又寫山洞的黑暗；也可以舉例如以「黑暗迎面撞來，當頭罩下」，或「光明在山的那一頭迎你，先是一片幽昧的微熹，遲疑不決，驀地天光豁然開朗，黑洞把你吐回給白晝」等一連串由驚到喜的經驗，說明作者如何使用「象徵」、「轉化」等手法，表達進出山洞所見的景象與感受，因此只要「選取重點」，「精確敘述」即可。

8. 文章評論

文章評論型，分別見於九十二年學測補考「校園暴力事件」、九十五年學測「議論評述」、一〇〇年指考「途中」、一〇二年學測「讀書的藝術」，以及一〇六年國寫參考試卷四之二「戚繼光」。

以九十五年學測「議論評述」為例：

請閱讀下列資料後，分別針對老師甲、家長、吳生的觀念、態度，各寫一段文字加以論述。

（甲）老師與家長的對話

老師甲：「吳茗士同學是我們班最優秀的學生，天資聰穎，不但有過目不忘的記憶力，數理推論與邏輯能力也出類拔萃，任何科目都得心應手。更可貴的是，他勤勉好學，心無旁騖，像大隊接力、啦啦隊等都不參加。我想，他將來不是考上醫學系，就是法律系，一定可以為校爭光。」

家長：「我們做家長的也是很開明的，只要他專心讀書、光耀門楣就好，從來不要他浪費時間做家事。老師認為他適合什麼類組，我們一定配合，反正醫學系、電機系、法律系、財金系都很有前途，一切就都拜託老師了。」

（乙）A同學疑似偷竊事件

A生：「老師，我沒有偷東西！吳茗士當值日生也在場，可以為我做證！」

吳生：「我不知道，我在算數學，沒有注意到。」

老師乙：「吳茗士，這關係到同學的清白，請再仔細想想，你們兩人同在教室，一定有印象的。」

吳生：「我已經說了我在算數學，哪會知道啊！而且，這干我什麼事？」

（丙）生物社社長B與吳同學的對話

B生：「你不是不喜歡小動物嗎？為什麼要加入生物社呢？」

吳生：「我將來如果要申請醫學系，高中時代必須有一些實驗成果，而且社團經驗也納入計分，參加生物社應該很有利。」

B生：「我們很歡迎你，但是社團成員要輪值照顧社辦的小動物喔！」

吳生：「沒有搞錯嗎？我是參加生物社來做實驗的，又不是參加寵物社。」

（丁）同學C的描述

「吳同學功課好好，好用功喔！不但下課時間不和我們打屁聊天，而且對課業好專注，只讀課本和參考書呢！像我愛看小說，他就笑我無聊又浪費生命。唉，人各有志嘛！我想他將來一定會考上很好的大學吧！」

題型分析——

從民國八十三年學測的語文表達能力測驗開始，「資料整理寫作」一直是測驗的重點，它主要在檢驗考生將客觀資料歸納整理的能力。

「議論評述」表現在現代語文的積極意義，是在測驗學生表達主觀見地、獨抒己見的能力。從各大學研究生寫論文表達學術主張時，普遍信心不足的現象來看，「議論評述」的能力，自然是當務之急。

本題要求考生分別針對資料中「老師甲」、「家長」、「吳生」的觀念、態度，分別寫一段文字論述。所以，測驗的重心是在測驗考生議論評述的能力。從題幹資料中，可以看出老師甲與家長的思想及價值觀，資料乙、資料丙、資料丁，則呈現吳生的觀念、具體行為，甚至對同學的影響。

這個題目的議論核心，在討論功利的心理與思想，寫作好壞的關鍵在於考生必須精準把握「三個」不同角度的評論。所以，考生必須先透過資料整理歸納的過程，明白區分三個不同角度的論點。缺乏邏輯思維的考生，很可能變成大同小異。

題目雖然沒有規定字數，以實際時間和分數的配當來看，每個角度以一百字為宜，議論文措辭力求簡潔、精當、周密、完整，這一點考生不可以疏忽。

9. 文章議論「我看型」

文章議論型，分別見於一〇六年國寫參考試卷一之一「我對人工智慧的看法」、一〇六年國寫參考試卷一之二「我看尼古拉斯溫頓」。這兩題是一〇六年國寫參考試卷，為大考中心最新開發的題型。詳見〈實戰4：國寫參考試卷這樣寫〉，不另解說。

同樣是議論文，在答題手法上稍有區隔，精簡扼要依序說明5.、8.、9.三種類型如下：

5. 立場選擇：這種題型已經規範兩種立場，讓考生任選一個作答。
8. 文章評論：這種題型屬於「客觀性的評論」，根據材料提出客觀性的評論。
9. 文章議論：屬於「我看型」，這種題型在表達自己獨到的主觀見解。

10. 課文分析

課文分析型，分別見於九十八年指考「馮諼客孟嘗君」、九十九年學測「廉恥」、一〇〇年學測「赤壁賦」、一〇一年學測「桃花源記」、一〇一年指考「燭之武退秦師」、一〇二年學測「上樞密韓太尉書」、一〇三年學測「出師表」、一〇四年學測「典論論文」、一〇四年指考「孔乙己」、一〇五年學測「髻」，以及一〇六年學測「虬髯客傳」。以一〇一年學測「桃花源記」為例：

閱讀以下文章之後，請分析：（一）「漁人甚異之」的「異」和漁人發現桃花源有何關聯？（二）陶潛從哪些方面來描寫桃花源？（三）從中可看出陶潛嚮往什麼樣的理想世界？答案必須標明（一）（二）（三），分列書寫。（一）（二）（三）合計文長約兩百五十至三百字（約十一至十四行）。

晉太元中，武陵人，捕魚為業。緣溪行，忘路之遠近。忽逢桃花林，夾岸數百步，中無雜樹，芳草鮮美，落英繽紛。漁人甚異之。復前行，欲窮其林。林盡水源，便得一山，山有小口，彷彿若有光。便捨船，從口入。初極狹，才通人。復行數十步，豁然開朗。

土地平曠，屋舍儼然，有良田、美池、桑竹之屬，阡陌交通，雞犬相聞。其中往來種作，男女衣著，悉如外人；黃髮垂髫，並怡然自樂。（陶潛〈桃花源記〉）

題型分析——

先提供資料要求考生閱讀，在理解意義後根據自己的見地與聯想，做廣度與深度的發揮。此題的題意相當清楚，作答時要注意原文所提供的線索，據以引申闡述。第一小題要能連結「漁人甚異之」的「異」與「發現桃花源」之間的關係。第二小題則要以桃花源中，「自然景物」與「人們生活情狀」兩個面向分別說明。第三小題則須以第二小題為基礎，說明陶潛嚮往的理想世界。此題下筆時不能僅是翻譯，由於答案明確，更要發揮自己的理解或聯想，用優美的文字闡述題意。在形式上要注意分列小題作答，字數總和須符合題目要求的兩百五十至三百字。

11. 論孟闡釋

論孟闡釋型，分別見於九十四年指考「割雞焉用牛刀」、九十五年指考「君子有三樂」，以及一〇五年指考「幽默」。

以九十四年指考「割雞焉用牛刀」為例：

閱讀下列文字後作答。

子之武城，聞弦歌之聲，夫子莞爾而笑曰：「割雞焉用牛刀？」子游對曰：「昔者，偃也聞諸夫子曰：『君子學道則愛人，小人學道則易使也。』」子曰：「二三子！偃之言是也，前言戲之耳。」（《論語．陽貨》）

（一）根據上文語境，「君子」、「小人」、「道」三個名詞所指的對象、內容為何？

（二）孔子起初「莞爾而笑」說：「割雞焉用牛刀」，後來又說：「前言戲之耳」。請扼要說明孔子前後反應不同的原因，以及子游回答的意涵所在。文長以一百五十字為度。

問題（一）解析——

「君子」，在上位的人，此指執政者、官員。「小人」，在下位的人，此指百姓、人民。

「道」，指禮樂之道。

問題（二）解析——

(1)孔子先以戲謔、幽默的口吻笑子游小題大作，實際上一方面欣喜於子游不負師門之教，反映出內心的愉悅與讚賞之情，同時另一方面也惋惜子游的大材小用。所以臉帶微笑而口出惋惜之聲。

(2)個性拘謹的子游，鄭重其事的以老師平日的教誨回答，強調施行禮樂教化的效益，所以即使當個小小縣太爺也應厲行禮樂之道。

(3)可惜的是，弟子們缺乏幽默感，孔子面對子游嚴肅的回答，於是隨即改變語氣，補上一句「前言戲之耳」，也正經八百地肯定子游的做法。

12. 文章續寫

文章續寫型，見於九十五年學測「雨季的故事」。這一題比較特殊，標題為「情境寫作」，就內容來看，歸類為情境寫作是合理的。形式上，其實是「文章續寫」，所以別為一類。以本題為例：

下面是一篇未完成的文章，請以「雨季的故事」為題，設想情境，接續下列文字，鋪寫成一篇完整的散文，文長不限。

雨季來時，石頭上面長了些綠絨似的苔類。雨季一過，苔已乾枯了，在一片未乾枯苔上正開著小小藍花白花，有細腳蜘蛛在旁邊爬。河水從石罅間漱流，……

注意：寫作時，為求文章完整呈現，上列引文務請抄錄，否則扣分。

題型分析——

本題雖然題為「情境寫作」，實質上是語文表達能力測驗中的「文章續寫」。所謂文章續寫，就是提供一段文字，要求考生完整接續的題型，各種文體都可以入題，不過最適合「故事性」的續寫。類型有提供開頭，要求續寫，本題即屬之；有提供開頭、中幅，要求續寫結尾；另有提供開頭、結尾，要求續寫中間部分，又稱作「文章補寫」。

本題在測驗考生的語文表達與運用能力，要求考生以「雨季的故事」為題，根據題幹所引的文字，設想情境，鋪敘成文。就命題的實質要求來看，「情境寫作」自然是要求考生設想、虛擬一個情境進行寫作。由於提供的第一段材料是景物描寫，所以最好由景物帶入一個完整的故事，再結合故事引出情感，也就是結合描寫、記敘、抒情的文體，綜合表現這一篇「雨季的故事」。

故事可以根據親情、友情、同窗之情、師生之情、男女之情……等等，做為選材的依據；當然也可以續寫一段歷史故事入題，內容要具體，故事要精采，情節要有起伏變化，人物、事件要環環相扣，情感要真切動人，這樣才能成就一篇成功的寫作。

13. 文章改寫

文章改寫型，分別見於九十一年學測「情書改寫」，以及九十五年學測「語文修正」。以九十一年學測「情書改寫」為例：

寫作時，適度而精確的使用口語與成語，可使文章增色；但若濫用、誤用，反不可取。下面是一封情書，除粗陋的口語外，更充斥俗濫與錯誤的成語。請在不違背其本意的前提下，用真切、自然的文字加以改寫。

注意：（一）改寫時須保留原信的時間、地點、人物、情節。

（二）不可使用粗陋的口語，並避免濫用成語。

上個禮拜六在校刊編輯會議首度看到你，就被你煞得很慘。你長得稱得上是閉月羞花，聲音也像鶯啼燕囀。從此，你在我心中音容宛在，害我臥薪嚐膽、形容枯槁。我老媽看不下去，斥責我馬齒徒長、尸位素餐，不知奮發圖強，難道要等到名落孫山、墓木已拱才甘心嗎？我也有自知之明，這封信對你而言只是九牛一毛，你一定棄之如敝屣。但我相信愚公移山的偉大教訓，也就是人定勝天，如果你給我機會讓我向你表白我自己，你會恍然大悟我是個很善良的人。期待你的隻字片語，若收到回音，那一定是我一生中最快樂的一天了！

題型分析——

「文章改寫」，主要在測驗考生的段落組織與表達能力，是一題多功能的檢測試題，至少包含了文句修潤、成語詞語訂正、重新組織整理等要求。在進行改寫時，應在保留原信的時間、地點、人物、情節等條件的基礎上，重新組織整理，力求真誠動人。本題原文雖充斥浮濫粗糙的成語，但因為題目要求改寫，故不可視為單純的成語改錯。又因為題目只說「不可」使用粗陋的口語及「避免」濫用成語，並沒有「必須」使用成語的要求，只要文詞流利暢達、自然通順即可。

14. 文章擴寫

文章擴寫型，分別見於八十四年學測「山徑之蹊間」，以及九十七年指考「鴻門宴」。以九十七年指考「鴻門宴」為例：

「擴寫」是以原有的材料為基礎，掌握該材料的主旨、精神，運用想像力加以渲染。請仔細閱讀以下《史記．項羽本紀》的文字後加以擴寫。文長約三百至四百字。提示：本題非翻譯題，請勿將原文譯成白話。

范增起，出，召項莊，謂曰：「君王為人不忍。若入，前為壽，壽畢，請以劍舞，因擊沛公於坐，殺之。不者，若屬皆且為所虜！」莊則入為壽。壽畢，曰：「君王與沛公飲，軍中無以為樂，請以劍舞。」項王曰：「諾！」項莊拔劍起舞；項伯亦拔劍起舞，常以身翼蔽沛公；莊不得擊。

題型分析——

所謂的「文章擴寫」就是在不改變原文意旨的原則下，把短文加以擴展、充實、渲染、潤飾等，使原來不夠具體的情節變得具體、生動、凸出、感人。擴寫，依照材料的多少，又分成擴句、擴段、擴篇等。本題屬於擴篇。擴篇，最要注意的是主題意旨；主要結構、體裁、人稱、風格都不可改動，情節、段落在不違背主題精神的原則下，可以做必要的修飾、刻劃。但是不可以離開原意，也就是不能節外生枝，致使改變本來的主題思想。本題就選材而言，也是希望考生回到歷史現場加以發揮想像。描寫愈生動，包括對話、表情及動作，將是致勝的關鍵。

【參考寫作】

走出觥籌交錯的帷帳，項莊似能嗅出范增面上的嚴肅。江東子弟一絲鬥志，希望猶在。繫著千瘡百孔的鎧甲，顫抖的雙手卸下配劍，漆黑中，殘餘的劍氣賦予了項莊碩果僅存的希冀，低聲吩咐了最後的命令，彷彿可在黑暗中感受到范增眼中野獸求生般的火光，項莊不由得全身戰慄起來……

踏進營帳，這一步從未如此沉重，肩頭上挑著的是楚國的危急存亡。舉杯，仰首飲盡一口灼熱。敬了對頭的沛公一杯，一杯濃厚的殺氣，再飲盡。挺起一身的微醺，與項王眼神瞬時的交會。藉著酒瘋，大聲嚷嚷，舞劍助興，另一面，是背負楚國命運的冷酷。踩著微醺的步伐，手中的劍氣卻是恐怖的冷靜。下一步，再一步，沛公渾然不知舞劍的華麗潛藏著殺機。距離三箭步，全身的寒顫隨著劍尖的逼近湧上全身，但雙腳早已被酒精麻痺大半，一眨眼，一陣刀光劍影，彷彿是死前的最後一道餘光，一旁的項伯早已拔出自己的配劍，一個箭步上前，擋下了這一劍的陰柔。項莊思緒一陣空白，耳中彷彿能聽到遠處傳來的楚歌……

15. 文章縮寫

文章縮寫型，見於八十三年學測「車廂社會」。

以本題為例：

說明：（一）根據下列文章（四百二十二字）縮成一百二十字（含標點）以內的短文。

（二）不必分段，文字可以改寫。惟縮改時須符合原文旨趣，力求言簡意賅。

（三）字數限制在一百二十字以內，超過一百二十字而在一百五十字以內者扣一分，超過一百五十字者不給分。

那時候乘火車這件事在我覺得非常新奇而有趣。自己的身體被裝在一個大木箱中，而用機械拖了這大木箱狂奔，這種經驗是我向來所沒有的，怎不教我感到新奇而有趣呢？那時我買了車票，熱烈地盼望車子快到。上了車，總要揀個靠窗的好位置坐。因此可以眺望窗外旋轉不息的遠景，瞬息萬變的近景，和大大小小的車站。一年四季住在看慣了的屋中，一旦看到這廣大而變化無窮的世間，覺得興味無窮。我巴不得乘火車的時間延長，常常嫌它到得太快，下車時覺得可惜。我歡喜乘長途火車，可以長久享樂。最好是乘慢車，在車中的時間最長，而且各站都停，可以讓我盡情觀賞。我看見同車的旅客個個同我一樣地愉快，彷彿個個是無目的地在那裡享樂乘火車的新生活的。我看見各車站都美麗，彷彿個個是桃源仙境的入口。其中汗流滿背地扛行李的人，喘息狂奔的趕火車的人，急急忙忙地背著箱籠下車的人，拿著紅綠旗子指揮開車的人，在我看來彷彿都幹著有興味的遊戲，或者在那裡演劇。世間真是一大歡樂場，乘火車真是一件愉快不過的樂事！（節錄自豐子愷〈車廂社會〉）

題型分析——

文章縮寫是八十三年學測第一次出現的新題型，該年也是第一次實施大學推薦甄選，國文考科的作文題出現了嶄新的面貌，顯得格外有意義。

「文章縮寫」這種題型打破傳統命題作文的形式，提供了具體的資料、豐富的情境與明確的寫作要求，考生必須在指定的說明之下完成寫作，事實上是「作文革命」的先鋒。從「文章縮寫」開始，大考中心就一步一步有計劃地推出語文表達能力的不同題型設計。考生必須有精準、明確、流利等語文表達的能力，才能應付裕如。

「文章縮寫」是測驗學生閱讀文章或書籍後，做統整歸納、全文摘要的能力。考生在進入各個大學科系之後，都必須寫報告、做論文，在閱讀很多書籍之後，必須具備擷取全書或全文重點的能力。過去，我們沒有這種訓練；現在，大考中心有這種要求，考生應培養抓重點，並且簡明扼要表達全文主旨的能力。

【參考寫作】

乘火車是我從來沒有的經驗，新奇有趣，像被裝在大木箱，由機械拖著狂奔。坐在靠窗的位置，可欣賞風景及各車站。看慣屋裡，見如此大而變化無窮的世界，覺興味無窮。我希望能坐久些。乘客們也享受著火車的視覺新生活。各車站的一切皆如此美麗。乘火車果為一樂事。（含標點符號共一百二十字）

16. 語譯

語譯型，分別見於八十九年語表「岑參〈題三會寺倉頡造字臺〉」、九十六年指考「李斯〈諫逐客書〉」，以及九十八年學測「諸葛亮〈出師表〉」。

以九十六年指考「李斯〈諫逐客書〉」為例：

請將下列文言文譯為語體文，並注意新式標點的正確使用。

是以泰山不讓土壤，故能成其大；河海不擇細流，故能就其深；王者不卻眾庶，故能明其德。是以地無四方，民無異國，四時充美，鬼神降福，此五帝三王之所以無敵也。今乃棄黔首以資敵國，卻賓客以業諸侯，使天下之士，退而不敢西向，裹足不入秦，此所謂藉寇兵而齎盜糧者也。（李斯〈諫逐客書〉）

題型分析——

本題旨在檢驗基本句子與組織的表達能力，首重文意翻譯的正確性，其次則考量翻譯文字的流暢性；至於翻譯文字是否具有文采，因衡量考生實際作答情況，大考中心並未特別強調。

換句話說，本題主要是以「信、達、雅」為評分要項。其次，本題特別指出要注意「新式標點」的正確使用，所以評分時也會視標點符號的使用正確與否，斟酌給分。

17. 聯想短文型

聯想短文型，見於八十八年大學聯考考題「短文寫作」。

以本題為例：

古人見浮雲聯想遊子，見落葉聯想衰老，見桃花聯想美麗的新嫁娘。透過貼切精采的聯想，可以呈現更優美動人的情境，因此聯想力的培養、發揮，是語文學習的重要課題。下面有三個問題，請任擇其一作答。

（一）「車站」讓你聯想什麼？

（二）「夏天的驟雨」讓你聯想什麼？

（三）「深夜的犬吠」讓你聯想什麼？

注意：（一）聯想的對象限舉一件，須說明何以產生如此聯想。

（二）文長約一百字。

題型分析——

這一題形式上屬於短文寫作，具體分類則屬於「聯想短文」，設定了三個主題，期待你展開聯想，充分發揮想像力。雖然標舉出三題，但你必須選擇其中一題寫作，千萬不要三題都做，一來會扣分，二來也沒那麼多的時間寫作。所謂「聯想」，是由一個事物、情境而想到其他有關事物的思考方式。聯想，作為一種寫作方法，是指在敘寫某個事物時，又想到了與此相關的其他事物，於是想到的材料，可以按照自然的順序，或者以穿插的方式寫出來。

聯想的形式不外是：因果聯想、類比聯想、相關聯想、對比聯想、輻射聯想等等。由於本題要求的字數只有一百字，項目有兩個：（一）聯想的對象；（二）說明何以產生如此聯想的理由。例如：由「車站」聯想到「離別」或「返鄉」。

18. 引導寫作

引導寫作型，是學測歷年數量最多的題型，學測的第三題幾乎都稱作引導寫作。類別則呈現多種組合，形式上無非都是比較傳統的作文，一般都是長文寫作。這裡不做列舉，直接舉例。

以九十七年學測「如果當時……」為例：

雖然時光一去不返，但人們偶爾還是會想像回到過去。有人想像回到從前去修改原先的決定；有人想像回到事故現場阻止意外事件的發生；有人想像回到古埃及時期，影響當時各國間的局勢；有人想像回到戰國時代，扭轉當時的歷史……

請以「如果當時……」為題（刪節號處不必再加文字），寫一篇文章，從自己的生命歷程或人類的歷史發展中，選擇一個你最想加以改變的過去時空情境，並想像那一個時空情境因為你的重返或加入所產生的改變。文長不限。

題型分析——

首先要先認清題目所要求的限制，是要求想像自己回到過去某個時空的情境中，並想像那一個時空情境因為你的重返或加入所產生的改變。在立意、構思、選材上，可以小至自己的生命情調，或者大到家國社會，甚至人類的歷史發展等等。

(1) 如果要選擇歷史事件做為寫作的切入點，考生要先衡量對於歷史的事件、場景、人物的理解是不是精準無誤，萬一時空錯置或者張冠李戴，反而會成為致命傷。這種思考策略的優點是取材豐富，缺點是存在著誤解歷史真相或扭曲價值的風險。

(2) 如果選擇從個人生命經驗出發，必須先對過去的時空做簡要交代，讓人能明白領會改變前後的對比，進而凸顯自己扭轉乾坤、開創時局的能力。這種思考策略的優點是故事容易真實感人，缺點是考生生活經驗不足，情節組織生澀，容易流於平淡貧乏。

19. 文章仿寫

文章仿寫型，分別見於八十九年語表自費測驗「窗外」、一〇六年國寫參考試卷四之二「瓷碗」，以及一〇七年學測國寫「季節的感思」。詳見〈實戰1〉、〈實戰3〉、〈實戰4〉，不另解說。

20. 詩歌詮釋

詩歌詮釋型，分別見於一〇六年國寫試辦試題「花開花謝」，以及一〇七年國寫第二題「天」。詳見〈實戰1〉、〈實戰2〉，不另解說。

◉實戰6

國寫寫作訓練

如何使用這本書

1. 國寫寫作基本認知

「國語文寫作能力測驗」來了！未來學測國寫要贏人家二十分，並不難；要輸給別人二十分，也很容易。

姑且不論過去的「語文表達能力測驗」或現在的「國語文寫作能力測驗」，如果你的問題是：一直以來作文就寫不好，自己也認了，那好說。現在，問題來了，如果你的問題是：因為不了解「國寫」的精神，所以一敗塗地，那你不妨聽我說說。國寫有國寫的竅門，可不是你悶著寫、不斷寫、咬緊牙根的拚命寫，就能得高分的。任何競技都有它的遊戲規則，作文也是。

國寫寫作測驗，你要怎麼有系統、有步驟、有效能的進行自我訓練？只要你對本書有信心，同時，你對自己有信心，那我來跟你說說——

同學們！你知不知道：國寫是知性的統整判斷能力的測驗？同學們！你知不知道國寫是情意的感受抒發能力的鑑別？

同學們！你知不知道「知性的寫作力」要具備正確解讀文字或圖表、適當分析歸納、具體描述說明的能力；要具備針對各種現象提出自己見解的能力。同學們！你知不知道「情意的寫作力」要具備具體寫出個人實際的生活經驗、要具備真誠表達內心的情感、要具備發揮想像力等等的能力？

就技術層面看，「國寫」可以說是專為大學校系選才而量身訂做的寫作設計，它不只是傳統作文的要求。高等學府的各種領域，只要運用文字做報告或學術發表，都需要精準、明白、恰當、合理、周密、完整的基本語文能力。所以，寫作測驗的範圍與材料，可以是天文、地理，也可以是歷史、人文，更可以是自然科學等等。學測占一半配分的「國語文寫作能力測驗」，要求「知性」與「情意」都要能寫會寫，這和過去長文寫作可以自由選擇文體，進行彈性寫作，可以說迥然不同。現在，你必須拿出真本事，帶著硬裡子的真功夫去打仗。

面對這種語文能力的鑑別，你可能需要多注意身邊的人、事、物，很多題目都是從生活出發，鎖定實用的層面；你也可能需要多做一些聯想，馳騁於曼妙的想像空間，發揮別出心裁的創造力；你也可能面臨的只是資料的整理、統合、摘要、縮寫；你也可能需要從真誠出發，多說點人同此心、心同此理的真心話。最重要的，你要一字一句的細心領會引導文字的豐富材料，從要求的主題範圍中找線索、找構思、找暗示，聚焦自己的思維、靈感，整理下筆前的想法。

根據大考中心的說明，我們平常談話，可能發表自己的經驗、感受、想像，可能陳述意見、意念、事實，也可能摘述他人的言論，這是口說的表達能力。如果把上述的表達內容以文字寫出，就是文字的表達能力。經驗的傳承、知識的累積、文化的延續與發揚，主要依賴人類所具備的文字表達能力。

因此，對於即將進入有文化搖籃之稱的大學深造的青年學子，有文字表達能力方面的要求，以評量他們是否能夠「利用文字做摘述，或以適當的發展方法，寫出有意義、有細節的文章，來表達經驗、感受，或意見、意念、事實」。這種評量，就是「知性的統整判斷能力」。

「國語文寫作能力測驗」希望達到的測驗目標，除了涵蓋過去傳統議論和情意型作文的功能之外，同時也是測驗語文實用性的指標，也就是說讓語文發揮它應有的實用功能。語文除了表達抽象的意念，或者比較傾向文學性、專門性、學術性的功能外，還要重視與培養表達社會的、生活的、真實情境的實用能力。

基於「國語文寫作能力測驗」結結實實的寫作力要求，同學們必須重視多元化的思考訓練。過去以來，多少國中生、高中生經歷過度訓練化的寫作習慣，一成不變而且套用僵化、盲目的作文公式，都必須做大幅度的修正，回到正規的語文訓練。很多人都承認，現在中學生的語文表達能力每況愈下，這是不爭的事實。但是，這個帳不能全算在學生身上。過去我們語文的測驗目標是不是太標準化？題型單一而抽象，呆板而乏味。學生習慣於追求思路的正確判斷力，而斲傷、壓抑了語文的自然表達能力、知性統整的判斷力、創造思考能力，以及情意感受的抒發能力。

「國語文寫作能力測驗」的測驗目標，大考中心有明確而具體的訂定：

語言結構：在測驗造字、遣詞、基本造句能力的掌握以及靈活運用的能力。

構思選材：在測驗辨識題旨與觀察、分析、聯想、推理、判斷的能力。

謀篇組織：在測驗文章剪裁、段落安排與思想脈絡是否連貫的能力。

實用目的：在測驗學生是否具有針對特定的條件或情境，確切表達的能力。

同學們針對這些測驗目標，必須有自我訓練與自我診斷的能力。同時必須提醒同學們的是：大考中心所研發的國寫，特別針對「寫作環境」與「刺激條件」加以改進，結合閱讀與寫作的連結，透過每篇八百字以內的引導文字，發展出更符合語文運用的實際需求。這些都是進行寫作之前，必須先行消化的部分。分不清「限制性寫作」與「拓展性寫作」，往往就會莫名其妙丟了分數。

(1) **國語文寫作能力測驗考試說明**（本材料節錄或改寫自大考中心資料）

根據大考中心核定的一〇七學年度「大學多元入學方案」：自一〇七年起，學測國文包含「國文（選擇題）」與「國語文寫作能力測驗（簡稱『國寫』）」；指考國文全卷為選擇題。國寫分節獨立施測，配合大學選才，在命題方向與素材上，涵蓋人文、社會、自然等不同學科的領域，以評量考生是否具備就讀大學的國語文表達能力。國語文寫作能力測驗係針對跨學系的語文表達能力需求而設計，期望考生透過可以感受、應加體察的經驗及素材，經由命題者的適度引導，能自然而充分地運用其語文表達能力。命題理念主要有三：

I. 注重人文與自然、理性與感性、原理與實用、傳統與現代的結合。

II. 貼近生活經驗，切合社會脈動。

III. 強化分析理解，促進多元思考。

(2) 國語文寫作能力測驗考試時間、測驗內容與成績計算

國語文寫作能力測驗考試時間，一〇七年為八十分鐘，一〇八年調整為九十分鐘。國語文寫作能力為就讀大學的一般能力，這種能力不應僅是國文科的教學責任與學習成就，也應是所有學科教師與預備就讀大學的學生均應重視的能力。因此，國語文寫作能力測驗試題乃針對跨學系的語文表達能力需求而設計，其內容須兼顧思辨性與應用性，並評量閱讀、分析、歸納、感發、體悟等綜合能力；而在命題方向與取材上，可擴及人文、社會、自然等不同學科領域，但以不涉及艱深或專業的學科知識為原則。

本項測驗，閱卷委員評閱各題時，先判定「等」，再決定「級」，再選定「分數」。考生各題得分，在多數情況下，為兩位閱卷委員（一、二、三閱中的兩閱）所給分數之平均；少數情形下，為第三閱或第四閱之給分。題目共兩大題，兩大題分數合計後，占考生學科能力測驗國文考科總成績之五十%，進而計算十五級分與五標。

由於評分採「分題閱卷」，考生作答務必遵守答題規則，第一題須作答於答案卷正面，第二題須作答於答案卷背面。此外，作答務必使用筆尖較粗之黑色墨水筆書寫（建議使用筆尖粗約〇．五mm至〇．七mm之黑色原子筆），不得使用鉛筆，並力求字跡清晰，字體在稿紙格內應盡量放大。

2. 國寫寫作訓練須知

(1)《國寫笨作文》共有哪些主題？

實戰1：這是針對一〇八年、一〇七年國寫考題而編寫設計的。針對一、「圖表判讀」和二、「詩歌詮釋及文章仿寫（季節的感思）」兩大題。

實戰2：這是針對一〇六年國寫試辦試題而編寫設計的。針對一、「分析與評論」

四題問答，和「詩歌詮釋及情境寫作（花開花謝）」兩大題。

實戰3：這是針對八十九年語文表達能力測驗而編寫設計的。針對一、「翻譯」，二、「文章整理」，三、命題作文（文章仿寫）三大題。

實戰4：這是針對一〇六年國寫參考試卷五卷十題的考題而編寫設計的，是本書最全面、最新穎、最有代表性的國寫參考題型。

實戰5：這是針對從「語表」到「國寫」，發展了近三十年的非選擇題（俗稱作文）題型的總整理。

(2)《國寫筆作文》為什麼這樣編？

「語文寫作力」+「文學寫作力」的訓練與培養，是考生必須積極努力的目標。大考（學測）新型作文從八十三年開發完成而實施後，一路走來十分穩健，是一種教學目標十分明確的寫作；等到一〇六年，應考作文又進入新的里程碑，最初公布兩種題型：「知性型寫作」+「情意型寫作」；最後拍板定案仍然是以這些題型為主力，但是為了避免爭議，就拿掉了「知性型寫作」+「情意型寫作」的分野。在〈實戰6：未來國寫題型這樣出〉中，已經對學測國文非選擇題做了很詳細的歸納與分析。一〇七年國語文寫作能力測驗的題型，第一題「圖表判讀」就與一〇六年國寫參考試卷五之二相似；第二題仿作「季節的感思」又與八十九年語文表達能力測驗第三題「窗外」相呼應。一〇八年題型和一〇七年題型，一般無二。所以，題目不是問題，題型也在那兒，大考中心不怕考生猜到題型，它就是希望你會。

我們經常可以看到很多考古題，考過了還是會再考，題型已經成熟，題目的命題形式可能出現大同小異的變化，幾年就再考一次。所以，推陳出新，是命題的通則；題型變化，是命題的關鍵。總之，怎麼出怎麼變化，都萬變不離其宗。考生要培養出真正的實力，才能大步向前走。什麼都不怕！

本書以大考中心歷屆寫作考題為範圍，找出命題的大走向，歸納分析，化繁為簡，化零為整，明白歸類，做為考生進行國寫寫作的參考。

(3)**《國寫笨作文》怎麼運用？**

本書除了一〇八年、一〇七年學測國寫題、八十九年語表題等等以外，以不附「佳作範例」為原則，給考生的是釣竿，不是魚。高調一點兒說就是：「授人以漁，不授人以魚。」請考生按圖索驥，多做腦力激盪，最好能在本書引導的基礎上，再去發展出更有人性的思考點。

這本書和專為國中會考設計的《笨作文》一樣，「國寫這樣寫」，所標榜的就是每一篇的編寫精神都是細部拆解。希望真正引導考生按部就班，練就硬裡子的應考功夫，透過仔細而精緻、豐富而多元、廣泛而深入的學習思維，從每一個環節腳踏實地的教考生最笨的基本功。

引導策略上，先揪出考生共同會出岔的病根，改正積弊已久的不良寫作習慣；其次，正面提點寫作的精準之路；最後再從審題、立意、構思、選材、布局等運思的五大步驟，一一解說。讓考生具備變戲法的功夫，等到熟稔這一套結結實實的戰法，上了考場，不消五分鐘，考生就能變出一套「戲法人人會變」的戲法。

讓每一位考生都從國寫的「練家子」，蛻變成士林的「寫作高手」，隨心所欲不踰矩，想要妙筆生花或想要生花妙筆，人人都做得到。在「實戰1至實戰6」編寫體例上，本書擬訂了共同而一致的架構，分成三部分：

I. 這一題寫不好的病灶在哪裡？

就題目找病因，以考生最容易犯的毛病為基礎，這是教書四十年的經驗談。

II. 提供考生的寫作建議

在考生還沒有確定寫作大綱之前，先提供具體而有效的寫作策略，讓考生不要走冤枉路。

III. 國寫這樣寫

在具體引領的基礎上，讓學生馬上能掌握寫作的竅門，不走冤枉路，也不會視作文為畏途。

以下幾種都是作文基本功，每個題目都結實編寫，交代得清清楚楚：馬上審題、馬上立意、馬上構思、馬上選材、馬上布局、馬上寫作。

有的題目把「立意」、「構思」放在一起，當然也有分開處理的；有的題目把「選材」、「布局」放在一起，也有分別獨立的。這不為別的，完全是視題目的性質，來做調度、安章、謀篇。考生可以按照本書提供的方法，一步一步，鍛鍊鍛鍊。瓜熟蒂就落，水到渠就成。

國家圖書館出版品預行編目（CIP）資料

國寫笨作文. 學測實戰篇 / 林明進著. -- 第二版.
-- 臺北市 : 遠見天下文化, 2019.06
面； 公分. -- (教育教養 ; BEP046)

ISBN 978-986-479-692-2(平裝)

1.漢語教學 2.作文 3.中等教育

524.313 108007735

教育教養 BEP 046

國寫笨作文：學測實戰篇
全新增訂版
建中資深名師林明進獨創作文高分心法

作者 — 林明進

總編輯 — 吳佩穎
人文館資深總監 — 楊郁慧
責任編輯 — 許景理（特約）、楊郁慧
美術設計 — 陳文德（特約）
內頁排版 — 蔚藍鯨（特約）

出版者 — 遠見天下文化出版股份有限公司
創辦人 — 高希均、王力行
遠見．天下文化 事業群榮譽董事長 — 高希均
遠見．天下文化 事業群董事長 — 王力行
天下文化社長 — 林天來
國際事務開發部兼版權中心總監 — 潘欣
法律顧問 — 理律法律事務所陳長文律師
著作權顧問 — 魏啓翔律師
社址 — 臺北市104松江路93巷1號
讀者服務專線 — 02-2662-0012｜傳眞 — 02-2662-0007；02-2662-0009
電子郵件信箱 — cwpc@cwgv.com.tw
直接郵撥帳號 — 1326703-6　遠見天下文化出版股份有限公司

製版廠 — 中原造像股份有限公司
印刷廠 — 中原造像股份有限公司
裝訂廠 — 中原造像股份有限公司
登記證 — 局版臺業字第2517號
總經銷 — 大和書報圖書股份有限公司｜電話 — 02-8990-2588
出版日期 — 2019 年 6 月 30 日第二版第一次印行
2023 年 11 月 9 日第二版第九次印行

定價 — NT 380 元
ISBN — 978-986-479-692-2
書號 — BEP 046
天下文化官網 — bookzone.cwgv.com.tw

天下文化
BELIEVE IN READING